Chantal Höft

D1672089

Familiale Lesesozialisation und Lesekompetenz

Eine Sekundäranalyse anhand der Daten der
Internationalen Grundschul-Lese-Untersuchung

VDM Verlag Dr. Müller

Impressum

Bibliografische Information der Deutschen Nationalbibliothek: Die Deutsche Nationalbibliothek verzeichnet diese Publikation in der Deutschen Nationalbibliografie; detaillierte bibliografische Daten sind im Internet über http://dnb.d-nb.de abrufbar.

Coverbild: www.purestockx.com

Erscheinungsjahr: 2008
Erscheinungsort: Saarbrücken

Verlag:
VDM Verlag Dr. Müller Aktiengesellschaft & Co. KG, Dudweiler Landstr. 125 a, 66123 Saarbrücken, Deutschland,
Telefon +49 681 9100-698, Telefax +49 681 9100-988,
Email: info@vdm-verlag.de

Herstellung in Deutschland:
Schaltungsdienst Lange o.H.G., Zehrensdorfer Str. 11, D-12277 Berlin
Books on Demand GmbH, Gutenbergring 53, D-22848 Norderstedt

ISBN: 978-3-8364-7195-4

INHALTSVERZEICHNIS

1 Einleitung

„Kinder brauchen frühkindliche Förderung" (Bundesregierung 2006). Mit dieser Überschrift hat die Bundesregierung im Mai 2006 eine Erklärung veröffentlicht. Der erste Absatz dieser Mitteilung lautet:

„Die Verbesserung der Betreuung für Kinder unter drei Jahren ist ein wichtiger Beitrag zur Innovationsfähigkeit unseres Landes. Die frühkindliche Förderung hat – gerade vor dem Hintergrund der beiden PISA-Studien – große Bedeutung. Gute Betreuung und frühe Förderung ermöglichen Kindern bessere Chancen und ihren Eltern die Vereinbarkeit von Beruf und Familie" (Bundesregierung 2006).

In diesem online veröffentlichten Dokument weist die Bundesregierung auf die Notwendigkeit für einen Ausbau von Betreuungsangeboten für Kinder hin, beispielsweise in Form von Kindergärten, Krippen und Möglichkeiten von Tagespflege. Darüber hinaus macht sie auf die Bedeutsamkeit frühkindlicher Förderung aufmerksam. Eine frühe Förderung stelle den „Schlüssel zu mehr Chancengerechtigkeit für alle Kinder dar" (Bundesregierung 2006).

Zur Beantwortung praktischer und theoretischer Fragen rund um die frühkindliche Förderung richtete das Bundesministerium für Familie, Senioren, Frauen und Jugend gemeinsam mit einem gemeinnützigen Verein das Internetportal www.wissen-und-wachsen.de ein.

Ein Förderbereich, der im Portal ausführlich besprochen wird, ist die Sprachförderung. Die Sprachentwicklung und deren Förderung stellt eine wesentliche Grundlage für den späteren Schriftspracherwerb und im Besonderen den Erwerb des Lesens dar. Dies belegen Forschungsergebnisse verschiedener wissenschaftlicher Disziplinen wie die Entwicklungspsychologie, Pädagogik, Sozio- und Psycholinguistik und die Hirnforschung. Sprachförderung kann daher als grundlegender Bereich des späteren Leselernprozesses und der Leseförderung verstanden werden.

Aus der hier beschriebenen Regierungserklärung geht hervor, dass die frühkindliche Förderung im Allgemeinen aber im Speziellen auch die frühkindliche Leseförderung auf der Agenda der Bundesregierung stehen.

Die Diskussion um die internationalen Lesekompetenzstudien IGLU und PISA[1] zeigt warum der Lesefähigkeit eine hohe Bedeutung zugewiesen wird.[2] Seit Veröffentlichung der

---

[1] In der vorliegenden Studie sei unter PISA ausschließlich auf die im Jahre 2000 erhobene Untersuchung verwiesen, da dort die Lesekompetenz im Zentrum steht.

[2] Unter IGLU bzw. PISA sind die Studien „Internationale Grundschul-Lese-Untersuchung" bzw. „Programme for International Student Assessment" zu verstehen. In beiden Untersuchungen wurde international vergleichend das Leseverständnis von Schülerinnen und Schülern getestet. Während bei IGLU Schülerinnen und Schüler der vierten Klasse beobachtet wurden, standen im Fokus von PISA 15-jährige Jugendliche. Eine ausführliche Darstellung der Ergebnisse erfolgt in Kapitel 5.

IGLU- bzw. PISA-Studien-Ergebnisse, die Deutschlands Schülern[3] im internationalen Vergleich nur mittelmäßige Lesekompetenzen (reading literacy[4]) bescheinigen, ist der Begriff der Lesekompetenz in aller Munde. In der PISA-Studie wird Lesekompetenz definiert als

> „die Fähigkeit, geschriebene Texte unterschiedlicher Art in ihren Aussagen, ihren Absichten und ihrer formalen Struktur zu verstehen und in ihren größeren Zusammenhang einzuordnen, sowie in der Lage zu sein, Texte für verschiedene Zwecke sachgerecht zu nutzen" (Artelt et al. 2001b: 11).

Danach kann Lesekompetenz als eine „Bedingung für die Weiterentwicklung des eigenen Wissens und der eigenen Fähigkeiten – also jeder Art selbständigen Lernens" (Artelt et al. 2001b: 11) betrachtet werden. Ferner gilt Lesekompetenz in der heutigen Gesellschaft als Voraussetzung für eine befriedigende Lebensführung sowie beruflichen und wirtschaftlichen Erfolg (Baumert/Stanat/Demmrich 2001: 16). Zusammenfassend kann Lesekompetenz als eine Schlüsselqualifikation bezeichnet werden, die über die Schule hinaus eine Voraussetzung für die Teilnahme an einer Vielzahl gesellschaftlicher Aktivitäten ist.

Diese Funktion der Lesekompetenz als Schlüsselqualifikation verdeutlicht deren Relevanz für die soziologische Bildungsforschung. Die Aufgabe der Bildungssoziologie wäre es, Einflussfaktoren zu benennen und zu bestimmen, die zur Aneignung von Lesefähigkeit beitragen. Darauf aufbauend könnten andere wissenschaftliche Disziplinen (Entwicklungspsychologie, Pädagogik, Sozio- und Psycholinguistik) interdisziplinär anknüpfen und konkrete Hilfsmaßnahmen für Familien und Bildungseinrichtungen entwickeln.

Die Befunde bei IGLU und PISA belegen, dass die Chancen zum Erwerb von Lesekompetenzen sozial ungleich verteilt sind. Welchen Einfluss frühkindliche[5] Leseförderung auf Lesekompetenz besitzt, wurde aus bildungssoziologischer Sicht bis dato nicht untersucht.

Als Einflussinstanzen auf die Lesefähigkeit von Kindern gelten Familie, Kindergarten/Schule und Gleichaltrigengruppen (Bertschi-Kaufmann/Kassis/Schneider 2004: 27). In der Familie werden die frühesten Grundlagen für den späteren Erwerb der Lesekompetenz gelegt (insbesondere im Rahmen der Sprachentwicklung und Sprachförderung).

---

[3] Um die Lesbarkeit der vorliegenden Arbeit zu verbessern, verzichte ich auf Bezeichnungen mit explizit männlicher oder weiblicher Endung. Im Folgenden wird deshalb ausschließlich die männliche Sprachvariante stellvertretend für beide Geschlechter verwendet.

[4] Das Konzept der „literacy" hat seinen Ursprung im angelsächsischen Raum und betont den funktionalen Aspekt von Kompetenzen. Demnach werden unter „literacy" Basiskompetenzen verstanden, die eine zufrieden stellende Lebensführung in modernen Gesellschaften ermöglichen. Reading literacy beschreibt somit „eine grundlegende Form des kommunikativen Umgangs mit der Welt" (Artelt et. al. 2001a: 78).

[5] Burkart definiert frühkindlich als den Zeitraum zwischen Geburt und Schuleintritt des Kindes (Burkart 1975: 9).

Daher ist der Blick auf die Instanz „Familie" von besonderem Interesse. Um sich dem Thema der familialen Leseförderung aus bildungssoziologischer Perspektive zu nähern, bietet sich das Konzept der „familialen Lesesozialisation"[6] an.

Im Rahmen dieser möchte ich mich der Frage familialer Lesesozialisation *unter bildungssoziologischem Vorzeichen* annehmen und mögliche Konsequenzen für Forschung und Bildung aufzeigen.

Ziel der vorliegenden Arbeit ist es, den Einfluss verschiedener Bereiche der familialen Lesesozialisation auf die Lesekompetenz zu untersuchen. Darüber hinaus möchte ich die Einflussfaktoren der familialen Lesesozialisation aufdecken. Zur Analyse dieser Forschungsfragen werden bivariate und multivariate Methoden angewendet. Als Datenbasis dient der IGLU-Datensatz, der Messwerte sowohl zu familialer Lesesozialisation und soziostrukturellen Faktoren als auch zur Lesekompetenz von Schülern der vierten Klasse umfasst.

Der Aufbau der Arbeit gestaltet sich wie folgt:
In *Kapitel 2* erfolgt die Einführung des Konzepts der familialen Lesesozialisation. Im Fokus steht hier die Klärung der Begriffe „familiale Lesesozialisation" und „familiale Leseerziehung". Darüber hinaus wird ein exemplarischer Vertreter der Sprachentwicklungsforschung vorgestellt. In *Kapitel 3* wird der Forschungsstand zu familialer Lesesozialisation zusammengefasst. Nach der Darstellung verschiedener Studien zu familialer Lesesozialisation erfolgt die Ableitung der ersten Hypothesen. Daran anschließend werden in *Kapitel 4* folgende Erklärungsansätze zum Phänomen der familialen Lesesozialisation aufgezeigt: Beckers Humankapitaltheorie, Bourdieus Reproduktionstheorie und die schichtspezifische Sozialisationsforschung. Nach einer Skizzierung der theoretischen Grundannahmen werden die jeweiligen Annahmen auf das Thema der familialen Lesesozialisation bezogen und entsprechende Hypothesen abgeleitet. Abschließend werden die jeweiligen Theorieansätze diskutiert. In *Kapitel 5* wird der Forschungsstand zu soziostrukturellen Determinanten der Lesekompetenz dargestellt. *Kapitel 6* fasst die abgeleiteten Hypothesen zusammen und bereitet damit auf die Analyse der Zusammenhänge vor.
Das *Kapitel 7* zeigt die Grundlagen der empirischen Analyse des Phänomens der familialen Lesesozialisation auf. Nach der Beschreibung des IGLU-Datensatzes und seiner Ausschöp-

---

[6]   Näheres zum Konzept der familialen Lesesozialisation wird in Kapitel 2 dargestellt.

fungsstatistik werden die Chancen und Grenzen des IGLU-Datensatzes diskutiert. Daran anschließend wird die Auswertungsstrategie vorgestellt. Zuletzt werden die abhängigen und unabhängigen Variablen bzw. Kontrollvariablen operationalisiert. In *Kapitel 8* werden die Ergebnisse der empirischen Analysen dargelegt. Den Resultaten der univariaten Analyse folgen die Ergebnisse der bivariaten Analyse. In dem Kapitel zur bivariaten Analyse wird zunächst auf die Korrelationen mit der abhängigen Variable „familiale Lesesozialisation" eingegangen. In einem nächsten Schritt werden die Ergebnisse der Korrelationen mit der abhängigen Variable „Lesekompetenz" vorgestellt. Anschließend werden die Regressions-diagnostik für die multiple lineare Regression und die Ergebnisse der multiplen linearen Regression präsentiert. Die Resultate werden in der Reihenfolge dargestellt, dass zuerst die multiple lineare Regression mit der abhängigen Variable „familiale Lesesozialisation" besprochen wird und dann die multiple lineare Regression mit der abhängigen Variable „Lesekompetenz".

Die Arbeit schließt mit *Kapitel 9*. Hier werden die Ergebnisse zusammengefasst und inter-pretiert. Darüber hinaus werden praktische Konsequenzen diskutiert und ein Ausblick gegeben.

2 Zum Konzept der Lesesozialisation

Die familiale Leseförderung ist aus Sicht der empirischen Sozialwissenschaft in das Konzept der „familialen Lesesozialisation" eingebettet. Als Grundlage für den Forschungsstand zu familialer Lesesozialisation in Kapitel 3 ist es elementar, einen Einblick in das Konzept der Lesesozialisation zu erhalten. Zur Einführung in das Konzept der familialen Lesesozialisation dient das folgende Kapitel. Dabei werden zunächst die Begriffe „familiale Lesesozialisation" bzw. „familiale Leseerziehung" definiert. Den Schluss bildet die Beschreibung einer grundlegenden Theorie der Sprachentwicklung.

2.1 Klärung der Begriffe „familiale Lesesozialisation" und „familiale Leseerziehung"

Unter dem Begriff „Lesesozialisation" ist der „Prozess der Aneignung der Kompetenz zum Umgang mit Schriftlichkeit in Medienangeboten unterschiedlicher technischer Provenienz [...] und unterschiedlicher Modalität [...]" (Hurrelmann 1999: 111-112) zu verstehen. Lesesozialisation[7] bezieht also nicht nur Bücher, sondern auch diverse andere Medien wie Printmedien, audiovisuelle Medien oder auch Computermedien in die Aneignung von Lesefähigkeit ein.

Im Zentrum des Interesses der Lesesozialisation steht nicht nur der Erwerb der Dekodierfähigkeit schriftlicher Texte, sondern auch die Aneignung von Kommunikationsinteressen und kulturellen Haltungen. In einer literalen Kultur ermöglichen im Besonderen die beiden zuletzt erwähnten Fähigkeiten die Teilhabe am sozialen und kulturellen Leben (Hurrelmann 1999: 112).

Eingebettet ist die Lesesozialisation in das Sozialisationskonzept. Unter Sozialisation versteht man den „Prozess der Entstehung der menschlichen Persönlichkeit in wechselseitiger Abhängigkeit von der gesellschaftlich mitgeformten sozialen und dinglichen Umwelt. Im Vordergrund steht dabei die Frage, wie aus dem Gattungswesen Mensch ein gesellschaftlich handlungsfähiges Subjekt wird" (Tillmann 1997: 10). Die Persönlichkeitsentwicklung

---

[7]   Abzugrenzen ist die Bezeichnung der Lesesozialisation von literarischer Sozialisation, obgleich die beiden Felder beträchtliche Schnittmengen aufweisen. Literarische Sozialisation bezieht sich stärker auf die literarische Kultur als Lesesozialisation. Die literarische Sozialisation konzentriert sich auf alle künstlerischen Texte, unabhängig von der medialen Darstellung. Diese Fokussierung ist darauf zurückzuführen, dass sich literarische Sozialisation aus der Literaturwissenschaft entwickelte. Die Lesesozialisation hingegen entstammt dem Umfeld der empirischen Sozial- und Kommunikationswissenschaften (Eggert/Garbe 2003: 1-8). Da der Forschungsbereich der Lesesozialisation im Verhältnis zur literarischen Sozialisation klarer zu umreißen und empirisch besser zugänglich ist, steht dieses Konzept im Vordergrund der vorliegenden Arbeit (Hurrelmann 1999: 113).

wird als Prozess verstanden, in dem Vergesellschaftung und Individuation untrennbar ineinander greifen[8]. Dabei spielt nicht nur das Hineinwachsen des Menschen in gesellschaftliche Handlungszusammenhänge, Anforderungen und Normen eine Rolle, sondern auch deren subjektive (Re-)Konstruktion, also die aktive Auswahl von Situationen und Veränderungen der eigenen Entwicklungs- und Handlungsbedingungen durch das Individuum. Diese bewusste Einflussnahme kann bis zur Mitgestaltung sozialer und kultureller Verhältnisse reichen (Hurrelmann 2004a: 39). Zur Beschreibung dieses bi-direktionalen Interaktionsprozesses zwischen Gesellschaft und Individuum führt die Sozialisationstheorie den Begriff „Mitgliedschaftsentwurf" ein (Hurrelmann 2004b: 170). Darunter sind Entwürfe zu verstehen, die von der Gesellschaft an die nachwachsende Generation übergeben werden. Inhalt dieser Entwürfe sind Realitätsdeutungen, Werthaltungen und kulturelle Fähigkeiten, die als Voraussetzung für die gesellschaftliche und kulturelle Teilhabe gelten. Der Erwerb des Mitgliedschaftsentwurfs ist nicht durch die bloße Übernahme gekennzeichnet, sondern durch die soziale Ko-Konstruktion. Diese Veränderungen können sozialen und kulturellen Wandel bedingen (Youniss 1994: 65-106; Groeben 2004: 160-161).

Zentrales Anliegen der Lesesozialisationsforschung ist es, „Strukturen und Prozesse des Erwerbs von Lesekompetenz durch Heranwachsende in sich historisch verändernden Kontexten von Medienkultur zu erforschen, um letztlich Möglichkeiten der Förderung des Kompetenzerwerbs zu identifizieren" (Hurrelmann 2004a: 38). Dieses Zitat verdeutlicht die Relevanz des Themas Leseförderung für die Lesesozialisationsforschung.

Während unter „Lesesozialisation" eine nicht durchweg bewusste Leseförderung verstanden wird, ist „Leseerziehung" durch eine geplante Einflussnahme gekennzeichnet (Hurrelmann 1999: 112). Diese Eigenschaft leitet sich von der Definition der Erziehung ab. Unter Erziehung ist „die gezielte Beeinflussung der Person zum Zweck der Vermittlung bzw. Ergänzung von Kenntnissen, Wertorientierungen, Verhaltensweisen und Fertigkeiten" (Hillmann 1994: 196) zu verstehen. Entsprechend verfolgt Leseerziehung das Ziel, Lesefähigkeit zu vermitteln.

Generell kann der Prozess der Aneignung der Lesefähigkeit durch die Instanzen Familie, Schule und Peergroups angeregt werden. Unter „familiale Lesesozialisation" wird die allge-

---

[8] Dieser Ansatz unterscheidet sich grundlegend von Theorien, die entweder die genetische Anlage (siehe Herrnstein/Murray 1994; Jensen 1973) oder die soziale Umwelt (siehe Bronfenbrenner 1979; Bronfenbrenner 1993) als Einflussfaktor der kindlichen Entwicklung bezeichnen. „Der Sozialisationsprozeß kann als Zusammenspiel von Anlage und Umwelt aufgefasst werden" (Krecker 1988: 11).

meine Leseunterstützung durch die Familie verstanden. Der Fall der familialen Leseerziehung konzentriert sich auf die bewusste Leseförderung im Umfeld der Familie. Damit stellt die familiale Leseerziehung einen Unterpunkt der familialen Lesesozialisation dar. Welche Bereiche der familialen Lesesozialisation existieren und welche Auswirkungen diese besitzen, legt das Kapitel 3 dar.

2.2 Ein exemplarischer Vertreter der frühen Sprachentwicklungsforschung: Jerome S. Bruner

Die Vertreter der Lesesozialisationsforschung und Sprachdidaktik sind sich darüber einig, dass die Leseentwicklung von Kindern schon vor Schuleintritt und dem damit einhergehenden formellen Lesenlernen seinen Anfang nimmt. Dementsprechend wird in der Sprachdidaktik eine „immer deutlicher werdende Beziehung zwischen dem – primären – Spracherwerb und dem – sekundären – Schriftspracherwerb" (Scheerer-Neumann 1997: 86) formuliert. In der Lesesozialisationsforschung wird ebenso darauf hingewiesen, „dass die Anfänge der Leseentwicklung mit der Sprachentwicklung unmittelbar verflochten sind" (Hurrelmann 2004b: 173).

Ein Psychologe, der sich mit dem Spracherwerb beschäftigt und zu diesem Thema eine Theorie aufgestellt hat, ist Jerome S. Bruner (1987). Der Schwerpunkt seiner Forschung lag beim Aufbau des kindlichen Wortschatzes und weniger auf der Aneignung und Entwicklung der Grammatik (Szagun 1993: 228). Der Grundgedanke dieses Ansatzes führt die kindliche Sprachentwicklung auf eine wechselseitig aufeinander bezogenes Verhalten zwischen primärer Bezugsperson und Kind zurück (Klann-Delius 1999: 136).

Bruner geht von der Existenz eines Hilfssystems für den Spracherwerb aus (englisch: Language Acquisition Support System; kurz: LASS), mit dessen Hilfe Erwachsenen ermöglicht wird, Kultur weiterzugeben. Hierzu formt das Hilfssystem die Interaktion zwischen den Menschen in der Weise, dass es dem Kind möglich wird, Sprache zu erlernen. Ein zentrales LASS-Element stellt das „Format" dar, worunter Bruner versteht: „Ein standardisiertes Interaktionsmuster zwischen einem Erwachsenen und einem Kleinkind, welches als ursprünglicher ‚Mikrokosmos' feste Rollen enthält, die mit der Zeit vertauschbar werden" (Bruner 1987: 103). Demnach stellen Formate vertraute, zur Routine gewordene Situationen dar, in denen das Kind trotz noch beschränkter Informationsverarbeitungskapazität versteht, was sich ereignet. Mit der Zeit und zunehmender Abstraktheit entwickeln sich Formate. Sie lösen sich von spezifischen Gelegenheiten und können mittels Kom-

7

munikation unter verschiedenen Bedingungen hervorgerufen werden (Bruner 1987: 103). Somit fungieren Formate als Basis für Sprechakte (Bruner 1987: 115). Als ein prototypisches Format bezeichnet Bruner das Bilderbuch-Lesen. Hierbei tauschen sich Eltern und Kind in Form von Benennen bzw. Beschreiben von Dingen über symbolisch dargestellte Themen aus. Die Eltern stellen die Interaktion automatisch (Bruner 1987: 65) auf die Sprachfähigkeit des Kindes ein, ermuntern das Kind jedoch zugleich, die sprachlichen Beiträge weiterzuentwickeln. Bei Beibehaltung eines festen dialogischen Gerüsts erhalten die Eltern immer korrektere Benennungen für die abgebildeten Gegenstände von den Kindern. Schließlich führt die elterliche Sprachförderung innerhalb des Formats „Bilderbuch-Lesen" dazu, dass das Kind nicht nur den Symbolcharakter des Bildes, sondern auch der Sprache begreift (Bruner/Ninio 1978: 5).

Bruners Theorie des Spracherwerbs liefert einen wichtigen Beitrag für die familiale Lesesozialisation. Zwar unterscheidet sich die schriftliche Sprache vom mündlichen Sprachgebrauch durch eine größere Elaboriertheit, höhere textuelle Kohäsion, Kompaktheit, Abstraktheit der semantischen Informationen und vieles mehr (Hurrelmann 2004b: 175), dennoch ist in starkem Maße zu vermuten, dass die Interaktion zwischen Eltern und Kind auch für die Lesesozialisation bedeutend ist.

Bruners Theorieansatz ist allerdings im Hinblick auf eine Verallgemeinerung kritisch zu beleuchten. Die in seinen Ausführungen beschriebenen Erziehungspraktiken basieren lediglich auf Beobachtungen von zwei Mittelschichtseltern (Bruner/Ninio 1978: 38-39), wodurch eine Generalisierbarkeit der Aussagen dieser nicht repräsentativen Datenbasis ausgeschlossen wird.

Dennoch werden Möglichkeiten aufgezeigt, den Spracherwerb innerhalb der Familie zu unterstützen und damit Grundlagen für den Erwerb von Lesekompetenz zu schaffen.

3 Forschungsstand zu familialer Lesesozialisation

Das folgende Kapitel zeigt zunächst den aktuellen Forschungsstand zu familialer Leseso-zialisation. Hierbei stehen relevante, quantitative Studien[9] im Vordergrund[10]. Ziel dieses Kapitels ist es, konkrete Bereiche der familialen Lesesozialisation und ihre Wirkung auf die Lesefähigkeit darzulegen.

Hierzu werden zuerst drei Studien vorgestellt, die den Zusammenhang von familialer Lesesozialisation und Leseverhalten in Bezug auf Bücher beobachten. Über das Buch hin-aus umfasst Lesesozialisation jedoch auch andere Medien, wie verschiedene Printmedien, audiovisuelle Medien oder auch Computermedien (vgl. Kapitel 2.1). Quantitative Studien zum Einfluss dieser Medien auf Leseverhalten unter dem Gesichtspunkt der familialen Lesesozialisation existieren jedoch kaum. Um dennoch den Einfluss des medialen Umfelds auf Lesekompetenz aufzuzeigen, wird im Folgenden eine Untersuchung zum Thema „Aus-wirkungen von Fernsehkonsum auf Lesekompetenz" vorgestellt. Im Anschluss daran werden die zentralen Ergebnisse zusammengefasst und basierend auf den drei Lesesoziali-sationsstudien Hypothesen abgeleitet.

Ergebnisse der Studie „Leseklima in der Familie"

Die Studie „Leseklima in der Familie" (Hurrelmann et al. 1993) untersucht die familiale Einflussgröße des Leseverhaltens bei Kindern. In dieser Querschnittstudie wurden 200 Fa-milien mit Kindern[11] im Alter von 9 bis 11 Jahren mit Hilfe jeweils getrennter Fragebögen für das Kind, die Mutter und den Vater befragt. Darüber hinaus wurde die Surveystudie durch eine qualitative Befragung ergänzt, bei der das Verhalten von 24 aufgrund der Erst-befragungsergebnisse ausgewählten Familien in Leitfadeninterviews untersucht wurde.[12] In den darauf basierenden Fallstudien sollten die erkannten quantitativen Zusammenhänge für erwartete Leser, erwartete Wenig-Leser, unerwartete Leser bzw. unerwartete Wenig-Leser en détail nachgezeichnet werden. Die quantitative Auswertung basiert auf Häufigkeitsver-gleichen, multifaktoriellen Auswertungsverfahren und Clusteranalysen.

---

[9]   An dieser Stelle ist auf qualitative Forschungsansätze zur Lesesozialisation zu verweisen (siehe Wieler 1997; Braun 1995). Im Rahmen dieser Arbeit kann jedoch nicht weiter darauf eingegangen werden.

[10]   Eine aufschlussreiche Studie, auf die an dieser Stelle hingewiesen werden soll, ist Bonfadellis „Leseverhal-ten von Kindern und Jugendlichen" (1988). Da diese Untersuchung jedoch in der Schweiz stattfand und somit die Generalisierbarkeit auf Deutschland wegen interkultureller Differenzen nicht gegeben ist, bleibt die Studie im Forschungsstand unberücksichtigt.

[11]   Realisierte Stichprobe: N = 200 Familien.

[12]   Dieses Untersuchungsdesign, welches auf eine retrospektive Befragung verzichtet und sowohl das Kind als auch die Eltern als Informanten berücksichtigt, wurde gewählt, um dem interaktiven Charakter des So-zialisationsgeschehens Rechnung zu tragen (Hurrelmann 1997: 134).

Für meine Forschungsarbeit sind vor allem folgende Ergebnisse relevant:

In Bezug auf verschiedene Aspekte des Buchlesens wie Lesefreude, Lesefrequenz, Lesedauer, Leseerfahrung, Lesehemmung zeigen sich verschiedene Bereiche der familialen Lesesozialisation als einflussreich. Die stärkste Einflussgröße, bezogen auf Lesefreude und Lesefrequenz[13], stellt die *soziale Einbindung* in den Familienalltag dar (Hurrelmann et al. 1993: 46-48). Dieser Faktor ist als der aussagekräftigste Indikator eines günstigen Leseklimas in der Familie zu bewerten. Als der zweitwichtigste Faktor für Lesefreude und Lesefrequenz[14] erweist sich das *Leseverhalten der Eltern*[15], wobei insbesondere das Lesevorbild der Mutter eine entscheidende Rolle spielt.[16] Der Einflussfaktor *Gespräche sowie prä- und paraliterarische Kommunikation* zeigt einen breiten Wirkungsbereich. Dieser Faktor regt das Leseverhalten der Kinder in allen unterschiedlichen Aspekten an.

Darüber hinaus weisen die Ergebnisse auf einen engen Zusammenhang zwischen der *Bildung der Eltern* und familialer Lesesozialisation hin. Danach sind die Faktoren „soziale Einbindung"[17], „Leseverhalten der Eltern"[18] und „Gespräche sowie prä- und paraliterarische Kommunikation"[19] bildungsabhängig.

Unabhängig von der familialen Lesesozialisation scheint zudem der Faktor *Geschlecht* Einfluss auf die kindliche Leseentwicklung auszuüben. Mädchen lesen demnach häufiger und besser.[20] Hierbei ist jedoch darauf aufmerksam zu machen, dass keine geschlechtsspezifische Leseförderung in den Familien zu beobachten ist (Hurrelmann et al. 1993: 51-53).

---

[13] Dieser Faktor besitzt auch auf die Lesedauer, die Leseerfahrung und die Lesehemmung der Kinder einen signifikanten Einfluss.

[14] Hinsichtlich der Lesedauer erweist sich dieser Faktor als Hauptursache. In Bezug auf Leseerfahrungen und Lesehemmungen ergibt sich kein Einfluss.

[15] Interessanterweise finden sich in dieser Studie nach Eliminierung des Bildungseinflusses keine hohen Konsistenzen zwischen den Einstellungen und dem Leseverhalten der Eltern. Gleichwohl fördern Eltern ihre Kinder am wirksamsten, wenn sie sowohl dem Lesen einen hohen Stellenwert geben als auch gerne selbst lesen (Hurrelmann et al. 1993: 40-41).

[16] Förderung durch die Mutter wirkt sich vor allem positiv auf das quantitative Ausmaß des Lesens aus, weniger auf die Intensität der Leseerfahrung. Unterstützungen des Vaters bleiben nahezu wirkungslos (Hurrelmann et al. 1993: 43).

[17] Dieser Faktor umfasst gemeinsame Lesesituationen in der Familie, Besuche von Buchhandlungen und Bibliotheken zusammen mit dem Kind, Vorhandensein gemeinsamer Buchinteressen, Lektüre von Kinderbüchern durch die Eltern und Gespräche über alltagsferne Themen in der Familie.

[18] Hierunter ist das Leseverhalten der Eltern in Bezug auf Printmedien allgemein und Bücher zu verstehen.

[19] Der Faktor umfasst Gespräche über alltagsnahe Themen und prä- und paraliterarische Kommunikation. Unter Letzterem sind Kommunikationsformen zu verstehen, die es dem Kind ermöglichen, sich selbst zu verbalisieren bzw. mit einzubeziehen. Konkret sind unter dieser Art der Leseförderung Wortspiele, Kinderlieder und -reime und auch das Erzählen von selbsterfundenen Geschichten zu fassen (Hurrelmann et al. 1993: 141-143).

[20] Hurrelmann führt den Unterschied im quantitativen Leseausmaß unter anderem auf den Entwicklungsvorsprung der Mädchen bzw. unterschiedliche sprachliche Fähigkeiten zurück. Die Differenz hinsichtlich der Lesequalität ist vermutlich durch das Leseinteresse, die Leseerfahrungen und die Lesehemmungen beeinflusst (Hurrelmann et al. 1993: 51).

Ferner ist festzustellen, dass sich die *Familiengröße* nicht auf die Leseförderung auswirkt. Einzelkinder werden in gleichem Maße unterstützt wie Kinder mit Geschwistern (Hurrelmann et al. 1993: 151).

Ergebnisse der Studie „Lesen im Alltag von Jugendlichen"

Auch Bonfadelli/Fritz haben in ihrer empirischen Untersuchung „Lesen im Alltag von Jugendlichen" (1993) das Leseverhalten von Heranwachsenden in der Bundesrepublik Deutschland betrachtet. Diese Studie ist in zwei Phasen aufgebaut. In einem ersten Schritt erfolgte zur Eingrenzung des Themas eine explorative Voruntersuchung mit 100 Jugendlichen.[21] Basierend auf den Ergebnissen wurde ein Fragebogen entwickelt, der als Grundlage für 500 persönliche Interviews diente, die im Jahr 1991 geführt wurden.[22] Die Zielgruppe stellten hierbei Heranwachsende im Alter von 13 bis 18 Jahren dar. Um eine gewisse geographische Repräsentanz zu gewährleisten, fanden die Interviews in den folgenden sieben Untersuchungsgebieten statt: Hamburg, Hannover, Düsseldorf/Köln, Mainz/Frankfurt/Wiesbaden, Stuttgart, München und Westberlin. Nach der Datenerhebung erfolgte die Auswertung mittels Häufigkeitsvergleichen, bivariater und multivariater Analysen.

Folgende Ergebnisse sind für das Thema der familialen Lesesozialisation von Relevanz: Der Vergleich der Auswirkungen der familialen Lesesozialisation auf die Leseintensität bei Bonfadelli/Fritz mit den jeweiligen Effekten auf das Leseverhalten bei Hurrelmann et al. lässt folgenden Schluss zu: Ähnlich wie bei Hurrelmann et al. (1993) bestätigt sich auch hier die hohe Bedeutsamkeit *gemeinsamer Bücherei- bzw. Bibliotheksbesuche* oder *gemeinsamer Buchgespräche* für die Leseintensität des Kindes.

Darüber hinaus wirkt sich auch hier die *elterliche Nutzung von Printmedien* positiv auf die Leseintensität des Kindes aus. Im Unterschied zur vorangegangenen Studie ist es jedoch in erster Linie das väterliche Leseverhalten, welches das größere Einflusspotential aufweist.[23] Ferner finden sich Hinweise darauf, dass bloßes Vorlesen einen geringeren Effekt besitzt als die *leseunterstützende Variante*, die das Kind aktiv in den Leseprozess mit einbezieht.

---

[21] Realisierte Stichprobe: N = 93 Befragte.
[22] Realisierte Stichprobe: N = 466 Befragte.
[23] Eine mögliche Erklärung dieser Abweichung kann in der nicht überschneidenden Altersspanne der beiden Stichproben liegen. Es ist denkbar, dass in jüngeren Jahren die Mutter als Lesevorbild dient und in älteren Jahren in erster Linie das Leseverhalten des Vaters entscheidenden Einfluss auf die Leseintensität besitzt. Darüber hinaus könnte man vermuten, dass die Repräsentanz der Mutter im Haushalt, durch beispielsweise wieder aufgenommene Erwerbstätigkeit, mit steigendem Alter des Kindes geringer wird. Diese Tatsache könnte dazu führen, dass der Einfluss des mütterlichen Lesevorbildes schwindet. Eine Kontrolle durch die Drittvariable der mütterlichen Erwerbstätigkeit würde den hinterfragten Zusammenhang weiter klären.

Wie schon bei Hurrelmann et al. (1993) spielt die *Bildung der Eltern* im Zusammenhangs-geflecht mit der familialen Lesesozialisation eine Rolle. Das Bildungsniveau wirkt sich nicht direkt auf die Leseintensität des Kindes, sondern vielmehr auf die elterliche Nutzung von Printmedien (bei Hurrelmann et al. 1993: Leseverhalten der Eltern) bzw. die familiale Leseerziehung aus. Demnach erhöht sich mit steigender Schulbildung von Vater und Mut-ter sowohl die Häufigkeit der Eltern, Bücher, Zeitungen oder Zeitschriften zu lesen als auch die elterliche Leseunterstützung in Form von Vorlesen, aktiver Unterstützung, Büche-rei-/Bibliotheksbesuchen und Buchgesprächen.

Werden die Einzelzusammenhänge in Bezug auf Dritt-Einflüsse wie *Geschlecht, Alter, Bil-dung* und *Wohnort* des Kindes sowie *Bildung der Eltern*[24] kontrolliert, so bleiben die Effekte weiterhin signifikant, nehmen jedoch an Stärke ab.

In der multiplen Regressionsanalyse erklären die Kontrollvariablen 17,7 Prozent der Vari-anz in der Leseintensität und die sechs familialen Dimensionen der Leseerziehung weitere 20,7 Prozent. Es ist also zu vermuten, dass die Faktoren der Leseerziehung einen stärkeren Einfluss auf die Leseintensität haben als die soziostrukturellen Ungleichheiten zwischen den Heranwachsenden.

Ergebnisse der Studie „Familie und Lesen"

Für den Forschungsstand zum Thema „familiale Lesesozialisation" ist auch Köchers Un-tersuchung „Familie und Lesen" (1988) von Relevanz, da dort der bis dato vernachlässigte langfristige Einfluss des Elternhauses auf das Leseverhalten fokussiert wird. Die Untersu-chung basiert auf der These, dass drei Einflussfaktoren die Leseintensität prägen: die Lese-kultur und Leseförderung im Elternhaus, die erworbene Ausbildung und das spätere soziale Umfeld des Erwachsenen. Die Datenerhebung der repräsentativen Querschnittstudie fand im Jahr 1988 in den alten Bundesländern inklusive West-Berlin statt. Interviewt wurden insgesamt 2128 Personen[25] ab 16 Jahre[26] (Köcher 1988: 2347). Die folgende Zusammen-fassung der Ergebnisse konzentriert sich in erster Linie auf den Einflussfaktor „Lesekultur und Leseförderung im Elternhaus", da nur diese Resultate für die vorliegende Forschungs-arbeit von Interesse sind. Köchers auf Häufigkeitsvergleichen beruhenden Ergebnisse

---

[24] Denkbar wäre, auch die Familiengröße als Kontrollvariable aufzunehmen.
[25] Realisierte Stichprobe: N = 2128 Befragte.
[26] Die Stichprobe verteilt sich gleichmäßig auf die folgenden vier Altersgruppen: 16-29 Jahre, 30-44 Jahre, 45-59 Jahre und 60 Jahre und älter. Somit bietet die Datenbasis einerseits die Möglichkeit, Langzeiteffekte der familialen Lesesozialisation zu beobachten. Andererseits ist anzunehmen, dass sich die Wahrnehmung der familialen Lesesozialisation mit steigendem Alter der Beobachteten verändert und daher mit Verzer-rungen zu rechnen ist (Köcher 1988: 2347).

lassen einen engen Zusammenhang zwischen familialer Leseerziehung und Leseintensität vermuten. Für die vorliegende Forschungsfrage sind im Besonderen folgende Ergebnisse relevant:

Es ist feststellbar, dass „Buchmenschen", also Personen, die heute eine enge Beziehung zu Büchern haben, überproportional häufiger aus einem lesefreundlichen Elternhaus stammen als „unlustige Leser", definiert als Personen, die Bücher heute weit gehend meiden. Das Elternhaus von Buchmenschen ist charakterisiert durch einen generell hohen Lesekonsum, eine hohe Anzahl von Bücherwänden bzw. Bücherschränken und häufiges Vorlesen. Dieses Ergebnis weist darauf hin, dass heutige Buchmenschen sowohl durch das *Vorbild der Eltern* mehr stimuliert als auch von der *Familie intensiver gefördert* wurden als unlustige Leser. Neben der Tatsache, dass intensive Leser häufig aus einem lesefreundlichen Elternhaus kommen, zeigen die Befunde auch, dass diese mehr *zum Lesen angehalten* bzw. durch *Buchgeschenke oder gemeinsame Bücherei- bzw. Buchhandlungsbesuche* „verführt" wurden als unlustige Leser (Köcher 1988: 2289-2291).

Darüber hinaus zeigt Köcher auch den kurzfristigen Effekt von Leseerziehung auf das Verhältnis zum Buch auf. Schon im Alter von 8, 9 bzw. 11, 12 Jahren ist ein enger positiver Zusammenhang zwischen der *Leseerziehung*[27] und der Leseintensität feststellbar (Köcher 1988: 2291). Wird die Gruppe der 11- bzw. 12-jährigen auf die Schulbildung hin kontrolliert, bleibt der Zusammenhang bestehen. Demzufolge kann der Besuch einer höheren Schule die Unterschiede in der familialen Leseerziehung bei Jugendlichen nur begrenzt ausgleichen. Erst in höherem Alter entfaltet sich der intervenierende Einfluss der Bildung auf den Zusammenhang zwischen familialer Leseerziehung und Leseintensität. Abhängig davon, ob das Niveau der Leseerziehung und die Schulbildung zusammenfallen oder nicht, wirkt der Bildungseinfluss entweder stabilisierend oder korrigierend auf die angesprochene Beziehung (Köcher 1988: 2293).

Außerdem beobachtet Köcher den Zusammenhang zwischen Leseerziehung und Lesen hinsichtlich des Merkmals *Geschlecht*. Danach entwickelt sich Lesefreude bei Mädchen eher als bei Jungen, jedoch ist diese Tatsache nicht auf eine geschlechtsspezifische Leseerzie-

---

[27] Köcher konstruiert anhand verschiedener Angaben zur Leseerziehung eine Skala für Leseerziehung. Folgende Bedingungen gehen hierbei ein: „Den Eltern war bei der Erziehung wichtig, Lesefreude zu vermitteln", „es wurde häufig (zweifaches Gewicht) oder ab und zu vorgelesen", „Bücherwünsche der Kinder wurden erfüllt", „es wurde ausgeprägt eine Leseerziehung durch Verführung praktiziert", „es wurde ausgeprägt eine Leseerziehung durch Ermahnung praktiziert". Intensive Leseerziehung ist gekennzeichnet durch die Erfüllung von mindestens vier dieser Bedingungen. Eine schwache Leseerziehung ist definiert durch keine bzw. höchstens eine dieser Aussagen (Köcher 1988: 2287).

hung zurückzuführen[28] (Köcher 1988: 2316).

Des Weiteren untersucht Köcher den Zusammenhang zwischen Leseerziehung und Leseintensität hinsichtlich der *Geschwisteranzahl*. Hier zeigt sich, dass Personen, die aus einem lesefreundlichen Elternhaus stammen und mehrere Geschwister haben, heute eher selten lesen (Köcher: 2334).

Zusammenfassend bietet die Untersuchung vor allem neue Erkenntnisse hinsichtlich des langfristigen Effektes der familialen Leseerziehung. Eine Frage, die Köcher in dieser Studie jedoch unbeantwortet lässt, ist die nach der Rolle der sozialen Herkunft. Wie stellen sich die Zusammenhänge unter Berücksichtigung des Sozialstatus dar?

Ergebnisse der Studie „Fernsehkonsum und die Entwicklung von Sprach- und Lesekompetenzen im frühen Grundschulalter"

Eine Studie, die sich mit den Auswirkungen von Fernsehkonsum beschäftigt, ist „Fernsehkonsum und die Entwicklung von Sprach- und Lesekompetenzen im frühen Grundschulalter" (Ennemoser et al. 2003). Die Längsschnittstudie zeigt, inwieweit Effekte von erhöhtem Fernsehkonsum auf Sprach- und Lesekompetenzen von Vor- und Grundschulkindern unter Berücksichtigung des Sozialstatus zu beobachten sind. Hierzu wurden 332 Kinder[29] und deren Eltern aus Baden-Württemberg und Bayern zwischen Juni 1998 und Juli 1999 zu drei Messzeitpunkten befragt. 167 Kinder[30] besuchten zu Untersuchungsbeginn die zweite Klasse der Grundschule, 165 Kinder[31] befanden sich im letzten Kindergartenjahr. Nach Einschätzung einzelner Erzieher und Lehrer wurden die Gruppen anhand verschiedener Kriterien als repräsentativ für die einzelnen Kindergärten bzw. Schulen beurteilt.[32] Während die Kinder der älteren Gruppe hinsichtlich Wortschatz, allgemeiner Sprachentwicklung, Lesegeschwindigkeit und Leseverständnis getestet wurden, erfasste man bei der jüngeren Gruppe den Wortschatz, die allgemeine Sprachentwicklung und die phonologische Bewusstheit in Form von Anlautdehnung/Wortrestproduktion bzw. Reimaufgaben (Ennemoser et al. 2003: 16-17). Die Eltern wurden in der Weise eingebunden, indem sie interviewt wurden und zusätzlich ein Tagebuch zur Erfassung des kind-

---

[28] Wenn Unterschiede in der Leseerziehung auftreten, so sind diese auf das größere Leseinteresse der Mädchen zurückzuführen (Köcher 1988: 2316).
[29] Realisierte Stichprobe: N = 312 Kinder.
[30] Realisierte Stichprobe: N = 157 Kinder.
[31] Realisierte Stichprobe: N = 155 Kinder.
[32] Inwieweit die Zusammensetzung der Kinder in den ausgewählten Kindergärten bzw. Schulen repräsentativ für Deutschland ist, bleibt offen.

lichen Fernsehkonsums führen sollten.[33] Als Auswertungsverfahren wählten Ennemoser et al. eine dreifaktorielle Varianzanalyse mit den unabhängigen Variablen „Sehergruppe" und „sozioökonomischer Status" sowie den jeweiligen Lese- bzw. Sprachkompetenzindikatoren als abhängige Variable. Im Rahmen der vorliegenden Arbeit stehen die Resultate bezüglich der beiden Lesetests (ältere Gruppe: Lesegeschwindigkeit bzw. Leseverständnis; jüngere Gruppe: Anlautdehnung/Wortrestproduktion bzw. Reimaufgaben) im Vordergrund.

In der älteren Gruppe ist sowohl in Bezug auf die Lesegeschwindigkeit als auch das Leseverständnis ein signifikanter Effekt der *Sehergruppe* zu beobachten, der durch eine Interaktion mit dem *sozioökonomischen Status* moderiert wird. Der negative Einfluss der Fernsehmenge wirkt hauptsächlich bei Kindern mit hohem Sozialstatus. Außerdem weisen die Ergebnisse darauf hin, dass sich die Lesegeschwindigkeit über die drei Messzeitpunkte hinweg signifikant verbessert. Beim Leseverständnis lassen sich keine Leistungszuwächse im Untersuchungszeitraum erkennen (Ennemoser et al. 2003: 21).

In der jüngeren Gruppe ist für die Anlautdehnung/Wortrestproduktion ein signifikanter Effekt des sozioökonomischen Status festzustellen, der durch eine Interaktion mit der Sehergruppe moderiert wird. Während Kinder mit niedrigem Sozialstatus vor allem dann die schlechtesten Leistungen erbringen, wenn sie aus der Gruppe der Wenigseher stammen, erreichen Kinder aus hoher Sozialschicht die schlechtesten Testergebnisse, wenn sie der Gruppe der Vielseher zuzuordnen sind.

Darüber hinaus ist eine signifikante Leistungsverbesserung vom ersten zum zweiten Messzeitpunkt festzustellen. Bei den Reimaufgaben zeigen sich keine Auswirkungen der sozialen Schichtzugehörigkeit. Außerdem ist ein signifikanter Effekt der Messwiederholung erkennbar, welcher durch die Fernsehmenge moderiert wird. Die Leistungsverbesserung ist in der Gruppe der Vielseher geringer als bei Normal- bzw. Wenigsehern.

Zusammenfassung und daraus abzuleitende Hypothesen

Nach kritischer Durchsicht der Studien zum Einfluss der familialen Lesesozialisation auf das Leseverhalten lässt sich folgendes Bild aufzeigen (siehe Abbildung 1):

Es gibt verschiedene Bereiche familialer Lesesozialisation, die einen Einfluss auf das Leseverhalten ausüben. Eine Möglichkeit der Lesesozialisation in der Familie ist, die Lesetätigkeit in gemeinsam erlebte Situationen einzubinden, wie beispielsweise gemeinsame Gespräche über Bücher, das Vorlesen von Kinderbüchern durch die Eltern oder auch der gemein-

---

[33] Die Erfassung des Fernsehkonsums mittels Tagebucheinträgen gilt neben Videobeobachtungen als valides Erhebungsmaß (siehe Anderson et al. 1985; Reinsch/Ennemoser/Schneider 1999).

15

same Besuch einer Bücherei bzw. Buchhandlung. Ferner belegen die Ergebnisse einen positiven Effekt des Leseverhaltens der Eltern auf das der Kinder. Darüber hinaus sind Gespräche sowie prä- und paraliterarische Kommunikationsformen von Bedeutung. Damit sind alle Kommunikationsformen wie Wortspiele, Kinderlieder und -reime und auch das Erzählen von selbsterfundenen Geschichten gemeint, die das Kind aktiv einbeziehen. Daraus ergibt sich folgende Annahme:

Hypothese 1:   Je mehr Erziehungsberechtigte familiale Lesesozialisation betreiben, desto höher ist die Lesekompetenz des Kindes.

Ferner weisen die Studienergebnisse darauf hin, dass familiale Lesesozialisation nicht unabhängig von elterlichen Bildungsressourcen ist. Demnach beeinflusst die elterliche Bildung das Ausmaß der familialen Lesesozialisation. Eltern mit hoher Bildung praktizieren verstärkt familiale Leseerziehung und sind als Lesevorbild häufig vertreten, was sich beides positiv auf das Leseverhalten auswirkt. Bezogen auf die Lesekompetenz kann daher folgende Annahme getroffen werden:

Hypothese 2:   Je höher die Bildung der Erziehungsberechtigten, desto mehr betreiben sie familiale Lesesozialisation.

Außerdem zeigt sich ein Effekt – ausgehend von Geschlecht, Geschwisteranzahl, Alter und Region – auf das Leseverhalten, der sich nicht auf unterschiedliche familiale Lesesozialisationen zurückführen lässt. Bezogen auf die Lesekompetenz ist daher zu vermuten, dass die Merkmale „Geschlecht", „Geschwisteranzahl", „Alter" und „Region" die Lesekompetenz beeinflussen. Um diese Variablen konstant zu halten, werden sie in den nachfolgenden empirischen Analysen als Kontrollvariablen berücksichtigt.

Abbildung 1: Schematische Darstellung des Zusammenhangs zwischen familialer Lesesozialisation und Leseverhalten

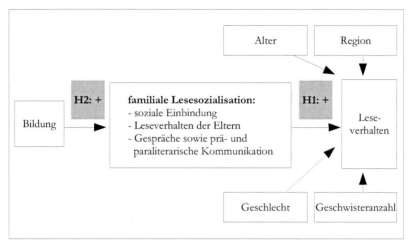

Quelle: Eigene Darstellung

Die Befunde der Studie „Fernsehkonsum und die Entwicklung von Sprach- und Lesekompetenzen im frühen Grundschulalter" (Ennemoser et al. 2003) lassen folgende Vermutungen zu: Der negative Effekt des Fernsehkonsums auf Leseleistungen ist insbesondere bei Kindern aus hoher Sozialschicht festzustellen. Zudem ist ein positiver Zusammenhang zwischen Alter und Leseleistungen anzunehmen[34], der durch eine Interaktion mit der Fernsehmenge moderiert sein könnte. In die spätere Analyse der Lesekompetenz werden zwei Indikatoren der medialen Umwelt miteinbezogen.

---

[34] Neben dem Erklärungsfaktor Alter können Leistungszuwächse über verschiedene Messzeitpunkte hinweg auch auf Übungseffekte bezüglich des Tests zurückgeführt werden. Je öfter man solch eine Prüfung absolviert, desto bessere Ergebnisse erreicht man.

4 Erklärungsansätze zum Phänomen der familialen Lesesozialisation

Das folgende Kapitel dient der Untersuchung des Phänomens der familialen Lesesozialisation aus Sicht ökonomischer und sozialwissenschaftlicher Theorien. Hierzu werden drei theoretische Ansätze vorgestellt: die Humankapitaltheorie, die Reproduktionstheorie und die schichtspezifische Sozialisationsforschung. Auf Basis dieser Ansätze werden Hypothesen generiert. Damit erweitern sich die aus dem Forschungsstand zur familialen Lesesozialisation abgeleiteten Hypothesen durch theoriegeleitete Annahmen.

In drei Abschnitten dieses Kapitels wird zunächst die jeweilige Theorie vorgestellt. Im Anschluss daran werden die jeweiligen theoretischen Annahmen auf das Thema der familialen Lesesozialisation bezogen und entsprechende Hypothesen abgeleitet. Abschließend werden die jeweiligen Theorieansätze diskutiert.

4.1 Beckers Humankapitaltheorie

4.1.1 Theoretische Grundannahmen

Eine Möglichkeit, das Phänomen der familialen Lesesozialisation zu beleuchten, bietet die von den Ökonomen Gary S. Becker (1962), Jacob Mincer (1962) und Theodore W. Schultz (1961) entwickelte Humankapitaltheorie.[35]

Der humankapitaltheoretische Ansatz erklärt die Bildungsnachfrage von rationalen Akteuren im Hinblick auf künftige Erträge. Er geht von rationalen Akteuren aus, die nutzenmaximierend bei vollständiger Markttransparenz handeln und in Abhängigkeit ihrer Produktivität entlohnt werden (Kristen 1999: 21; Becker 1993: 17-18). Anders gesagt, beeinflusst die in Aussicht gestellte Rendite in Form des Lebenseinkommens (Kristen 1999: 19) die personengebundene Bildungsinvestition. Eine Bildungsinvestition in Humankapital gilt so lange als optimal wie die Kosten der Investitionstätigkeit die Erträge nicht übersteigen (Sesselmeier/Blauermel 1990: 58). Mit der Investition in die Bildung sind direkte und indirekte Kosten verbunden. Erstere stellen beispielsweise Teilnahmegebühren oder auch Bildungsmaterial dar. Letztere beinhalten den entgangenen Lohn, der während der Ausbildungsphase erwirtschaftet werden könnte. Unter Erträge wird das Zusatzeinkommen, das der Bildungsteilnehmende durch die Teilnahme an der Bildungsmaßnahme zu erwarten

---

[35] Der Humankapitalansatz ist auf Adam Smith zurückführen (1976). Schon Smith sah einen Zusammenhang zwischen Ausbildung und Leistungsfähigkeit von Arbeitskräften.

hat, erfasst.

Nach Becker hat die Familie einen entscheidenden Einfluss auf das Wissen und die Fähigkeiten des Kindes. Becker betrachtet Kinder als langlebige Konsumgüter. Unter der Annahme, dass besser ausgebildete Nachkommen höhere Erträge erwirtschaften, formuliert er ein Erklärungsmodell, das den Zusammenhang zwischen Einkommen und „quantity and quality" von Kindern verdeutlicht (Becker 1991: 147):

> „Therefore, the interaction between quantity and quality explains why the education of children, for instance, depends closely on the number of children – even though we have no reason to believe that education per child and number of children are closely substitutes" (Becker 1991: 147).

Bei konstantem Einkommen ist von einem negativen Zusammenhang zwischen der Kinderanzahl und der Bildungsinvestition auszugehen (Becker 1991: 152). Je mehr Kinder in einer Familie anzutreffen sind, umso weniger wird in das Humankapital eines einzelnen Kindes investiert[36] – oder, anders gesagt, bei konstant gehaltener Kinderanzahl wird umso mehr in Kinder investiert, je höher das Einkommen ist.

4.1.2 Erklärung des Phänomens der familialen Lesesozialisation anhand Beckers Humankapitaltheorie und daraus abzuleitende Hypothese

Nach den humankapitaltheoretischen Prämissen ist das Phänomen der familialen Lesesozialisation folgendermaßen zu erklären (siehe Abbildung 2):

Die rationalen Erziehungsberechtigten bewerten Bildungsinvestitionen in zweierlei Hinsicht: in Bezug auf Erträge und Kosten. Im Fall der frühen familialen Lesesozialisation ist jedoch zu diskutieren, ob Eltern zukünftige Erträge durch familiale Lesesozialisation evaluieren können. Obgleich hier von einem engen Zusammenhang von Lesekompetenz und Schulerfolg ausgegangen werden kann[37], ist nicht anzunehmen, dass eine langfristige Einschätzung der zu erwartenden Produktivität der Kinder möglich ist. Somit spielt die Ertragsseite für die vorliegende Fragestellung eine untergeordnete Rolle.

Auf der anderen Seite berechnen Eltern mögliche Kosten der familialen Leseförderung. Es

---

[36] In seinem „Elite"-Ansatz räumt Becker die Möglichkeit ein, Unterschiede in der Höhe der Investition zwischen den Kindern zu tätigen, in Abhängigkeit von den Fähigkeiten der Nachkommen (Becker 1993: 123-124).

[37] Diese Schlussfolgerung leitet sich daraus ab, dass Sprache das wichtigste Medium schulischen Lernens darstellt (Breuer/Weuffen 1998: 418). Darüber hinaus werden Leistungen im Schulsystem zumeist in sprachlicher Form (schriftlich wie mündlich) abgefragt (Holler 2002: 119). Empirische Untersuchungen, die den Zusammenhang zwischen sprachlichen Fähigkeiten von Schülern und Schulnoten beobachten, sind im deutschsprachigen Raum nur vereinzelt vorzufinden (Kühn 1983: 36-37). So kann an dieser Stelle auf die Studien von Kemmler (1975) und Tiedemann (1978) verwiesen werden.

ist anzunehmen, dass Eltern, die familiale Lesesozialisation mit geringen Kosten verbinden, das Lesen eher fördern. Die Höhe der Aufwendung ist in erster Linie durch drei Faktoren bestimmt: die direkten und die indirekten Kosten sowie die Kinderanzahl. Im Kontext der familialen Lesesozialisation ist unter die direkten Kosten leseförderliches Bildungsmaterial wie Bücher, Printmedien, audiovisuelle Medien oder auch Computermedien zu fassen. Die indirekten Kosten werden durch den Einkommensausfall abgebildet, den die Eltern erleiden, wenn sie Zeit in die Leseförderung ihres Kindes in Form von beispielsweise Kommunikation, Buchhandlungsbesuchen oder auch Vorlesen investieren, anstatt ihrem Beruf nachzugehen.[38]

Zuletzt spielt die Kinderanzahl bei der Investition in die Leseförderung eine Rolle. Aufgrund von Ressourcenknappheit ist davon auszugehen, dass mit steigender Kinderanzahl die Erziehungsberechtigten weniger Zeit und Geld in die Bildung des einzelnen Kindes investieren.

Die Kosten lassen sich jedoch nicht alleine anhand der direkten bzw. indirekten Kosten und der Kinderanzahl beurteilen. Nur unter Einbezug des Familieneinkommens ist eine Bewertung der Kosten möglich (Becker 1993: 120-121). Während beispielsweise der Erwerb eines Computers zur Leseförderung für Eltern mit niedrigem Einkommen eine starke finanzielle Belastung bedeuten kann, ist dieselbe Investition für Eltern mit hohem Einkommen finanziell kaum spürbar. Das Gleiche gilt für den Einkommensausfall und die Kinderanzahl.

| **Hypothese 3:** | Je höher Erziehungsberechtigte die Kosten familialer Lesesozialisation einschätzen, desto weniger wird familiale Lesesozialisation betrieben. |

---

[38] Welchen Einfluss im Besonderen die Frauenerwerbstätigkeit auf die elterliche Unterstützung des Kindes besitzt, untersucht Muller (1993) in der Studie „Parent Involvement and Academic Achievement: An Analysis of Family Ressources Available to the Child". Basierend auf den Daten der „National Education Longitudinal Study" des Jahres 1988 zeigt sich, dass Teilzeit arbeitende Mütter ihre Kinder mit großem Erfolg verstärkt fördern. Kinder, deren Mütter in Teilzeit erwerbstätig sind, erzielen bessere Ergebnisse als Kinder, deren Mütter voll erwerbstätig bzw. nicht erwerbstätig sind (Muller 1993: 101). Dieser Zusammenhang ist unter anderem auf ein höheres Familieneinkommen zurückzuführen und bestätigt damit die These der Einkommensabhängigkeit von familialer Lesesozialisation.

Abbildung 2: Schematische Darstellung des Einflussfaktors der familialen Lesesozialisation nach Beckers Humankapitaltheorie

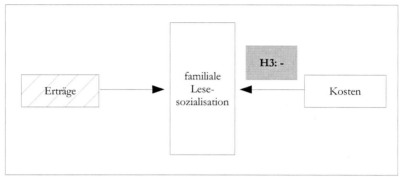

Quelle: Eigene Darstellung

4.1.3 Diskussion der Humankapitaltheorie

Im Folgenden werden die Grundannahmen der Humankapitaltheorie diskutiert – auf das Thema der familialen Lesesozialisation bezogen.

Es ist anzuzweifeln, dass Erziehungsberechtigte rational und nutzenmaximierend handeln und sich somit, wie es Kristen formuliert, „hyperrational" verhalten (Kristen 1999: 21). Vielmehr ist es denkbar, dass elterliche Rationalität, bezogen auf innerfamiliale Themen, eine Einschränkung erfährt, die zu suboptimalen Entscheidungen führt.

Darüber hinaus ist zu bezweifeln, dass der Markt familialer Leseförderung perfekt ist, d. h., dass den Erziehungsberechtigten alle relevanten Informationen hinsichtlich des Themas familiale Leseförderung zugänglich sind.

Betrachtet man die humankapitaltheoretischen Prämissen der Kostenseite, so ist zu diskutieren, inwieweit Differenzen in den Familieneinkommen die Bereitschaft erklären, in Bildung zu investieren. Graafs Studie „Parents' financial and cultural resources, grades, and transition to secondary school in the Federal Republic of Germany" (1988) kommt diesbezüglich zu einem anderen Ergebnis. Basierend auf Daten des Jahres 1967 aus Baden-Württemberg stellt Graaf Folgendes fest: Die Entscheidung, ein Kind auf das Gymnasium zu schicken, ist bedingt durch soziale Herkunft, Schulleistungen und elterliche kulturelle Ressourcen. Die Wahl eines Realschulbesuchs ist vor allem von ökonomischem Kapital und weniger von Herkunftsvariablen beeinflusst (Graaf 1988: 219-220). Dieses Resultat ist nach der Humankapitaltheorie als „Unterinvestition in Bildung" zu deuten und bedarf daher einer Erklärung. Trotz der Kritik ist der Humankapitalansatz für die Fragestellung der familialen Lesesozialisation von Interesse. Die Humankapitaltheorie liefert ein theoretisches Modell, das eine Vielzahl von Einflussfaktoren der Bildungsnachfrage integriert (Helberger/Palamidis 1989: 218). Darüber hinaus liefert sie Erklärungsansätze, wie ungleiche familiale Lesesozialisation entstehen kann (Krais 1983: 205).

4.2 Bourdieus Reproduktionstheorie

4.2.1 Theoretische Grundannahmen

Pierre Bourdieu kann als ein „Theoretiker der Reproduktion von sozialer, ökonomischer und politischer Macht" (Kalthoff 2004: 117) bezeichnet werden. Sein Interesse gilt Ungleichheit erhaltenden Strukturen und Mechanismen, welche sich auch im Bildungssystem zeigen.

Zunächst werden seine Grundannahmen vorgestellt. Bourdieu geht von einer immanenten Struktur der gesellschaftlichen Welt aus, die durch eine gegebene Verteilungsstruktur verschiedener Arten und Unterarten von Kapital gekennzeichnet ist (Bourdieu 1983: 183). Diese Kapitalkapazitäten bestimmen den Handlungsspielraum der Individuen.

Bourdieu unterscheidet drei Kapitalarten: ökonomisches, kulturelles und soziales Kapital. Unter ökonomischem Kapital versteht er nicht personengebundenes, materielles Gut, wie beispielsweise Geld, Land oder Besitz. Kulturelles Kapital lässt sich nach Bourdieu in drei verschiedenen Zuständen vorfinden: in objektivierter, inkorporierter und institutionalisierter Form. Von objektiviertem Kulturkapital spricht man, wenn es sich um materiell übertragbares kulturelles Kapital handelt, wie beispielsweise Bücher, Gemälde oder auch Kunstwerke. Fähigkeiten, Fertigkeiten und Wissensformen, die es einem ermöglichen, objektiviertes kulturelles Kapital in seiner „wahren" Bedeutung zu verstehen, definiert Bourdieu als inkorporiertes Kulturkapital. Es stellt ein persönliches Gut dar und ist damit personengebunden. Unter kulturellem Kapital in institutionalisierter Form versteht Bourdieu Zeugnisse und Bildungszertifikate. Diese Titel werden als legitimiertes persönliches Gut bezeichnet. Soziales Kapital ist nach Bourdieu „mit dem Besitz eines dauerhaften Netzes von mehr oder weniger institutionalisierten Beziehungen gegenseitigen Kennens oder Anerkennens verbunden" (Bourdieu 1983: 190). Hierunter sind Netzwerke wie Familie oder Vereine zu verstehen (Bourdieu 1983: 185-195).

Bourdieu definiert die drei Kapitalarten als „ineinander konvertierbare, gegeneinander austauschbare Elemente" (Krais 1983: 210). Die Frage, die ihn hierbei beschäftigt, lautet: Wie sehen Strategien[39] aus, mit deren Hilfe Individuen ihre Position in der Gesellschaft halten bzw. zu verbessern suchen (Krais 1981: 7)? Im Feld der Schule nutzen die herrschenden Klassen[40] die strukturellen Restriktionen, um ihre gesellschaftliche Stellung zu reproduzieren.

Das Schulsystem betrachtet Bourdieu als eine mittelschichtorientierte Institution, die hochselektiv wirkt. Der Zugang zu Bildungseinrichtungen bzw. der Bildungserfolg hängt maßgeblich von der Klassenlage der Schüler ab. Nur wer über die entsprechende kulturelle Ressource verfügt, entziffert den in der Schule vertretenen elaborierten Sprachstil und wird in der Schule erfolgreich sein (Bourdieu 1973: 96; Bourdieu/Passeron 1971: 126). Da Kinder aus unteren sozialen Klassenlagen weniger mit dieser Sprache und Kultur vertraut sind, schneiden sie auch wesentlich schlechter in der Schule ab als Kinder aus höheren Klassenlagen.

In Bourdieus Terminologie ausgedrückt bestimmt der Habitus den Schulerfolg. Unter Habitus sind Erfahrungen in der Herkunftsfamilie zu verstehen, „die sich in jedem Organismus in Gestalt von Wahrnehmungs-, Denk- und Handlungsschemata niederschlagen" (Bourdieu 1987a: 101). Anders dargestellt kann der Habitus[41] auch auf inkorporiertes Kulturkapital zurückgeführt werden (Bourdieu 1983: 187). Der unbewusste Verinnerlichungsprozess der Inkorporierung von kulturellem Kapital „formt" den Habitus. In der Praxis äußert sich der Habitus beispielsweise in Form einer klassenspezifischen Sprechweise, die vom Schulsystem sanktioniert wird.

---

[39] Unter Strategien versteht Bourdieu „Handlungen, die sich objektiv auf Ziele richten, die nicht unbedingt auch die subjektiv angestrebten Ziele sein müssen" (Bourdieu 1993: 113). Diese Definition zeigt Ähnlichkeit zum Thomas-Theorem auf. Hier orientieren Akteure ihr Handeln an subjektiven, wenn auch irrationalen Vorstellungen, mit der Konsequenz, dass die Folgen rationaler Natur sind (Thomas/Thomas 1928: 572).

[40] Bourdieus Klassenbegriff ist zum einen durch das Verhältnis zu den gesellschaftlichen Produktionsmitteln gekennzeichnet. Darüber hinaus definiert sich jede Klasse durch ihre Beziehung zu den anderen Klassen (Krais 1983: 215-217).

[41] Trotz der engen Verknüpfung von soziostruktureller Position eines Akteurs und dem Dispositionssystem schließt Bourdieu die Möglichkeit einer Modifikation des Habitus nicht aus (Bourdieu 1981: 195).

4.2.2 Erklärung des Phänomens der familialen Lesesozialisation anhand Bourdieus Reproduktionstheorie und daraus abzuleitende Hypothese

Nach der Reproduktionstheorie im Sinne von Bourdieu könnte die Erklärung der familialen Lesesozialisation folgendermaßen aussehen (siehe Abbildung 3):

Nach Bourdieu ist von klassenabhängigen Kapitalkapazitäten auszugehen. Erziehungsberechtigte, die einer hohen sozialen Klasse angehören, verfügen generell über höheres ökonomisches, kulturelles und soziales Kapital als Eltern aus einer niedrigen sozialen Klasse. Diese Klassenlage hat ungleiche Handlungsspielräume zur Folge und damit auch ungleiche Voraussetzungen für die familiale Lesesozialisation.

Familiale Lesesozialisation kann im Sinne Bourdieus als ein Verinnerlichungsprozess betrachtet werden. So führen beispielsweise das Lesevorbild der Eltern oder auch Büchereibesuche bzw. prä- und paraliterarische Kommunikation durch Primärsozialisation[42] zur Akkumulation von inkorporiertem kulturellem Kapital. Die Folge dieses Aneignungsprozesses ist die Entstehung von Lesekompetenz, eine Form des Habitus. Aufgrund der ungleichen Ausgangsbasis besitzen Kinder aus Familien einer hohen sozialen Klasse eine höhere Lesekompetenz als Kinder aus Familien einer niedrigeren sozialen Klasse.

Im „mittelschichtorientierten" Schulsystem erwerben Kinder aus privilegierten Familien – unter anderem aufgrund ihrer höheren Lesekompetenz – eher einen Bildungstitel als Kinder aus einer niedrigeren sozialen Klasse. Diese Qualifikation sichert Familien der höheren sozialen Klasse ihre Position im Klassensystem.

Hypothese 4: Je höher die soziale Klassenlage, aus der die Erziehungsberechtigten stammen, desto mehr wird familiale Lesesozialisation betrieben.

---

[42] Unter primärer Sozialisation versteht man „den Aufbau der Person im Kindesalter, die mit der Soziabilisierung des Neugeborenen beginnt, die Bildung der Basispersönlichkeit, die sogenannte zweite soziokulturelle Geburt [...] des Menschen, durch die er zum sozialen Wesen wird, das mit anderen Menschen in Interaktion treten kann" (Krecker 1988: 13).

Abbildung 3: Schematische Darstellung des Einflussfaktors der familialen Lesesozialisation nach Bourdieus Reproduktionstheorie

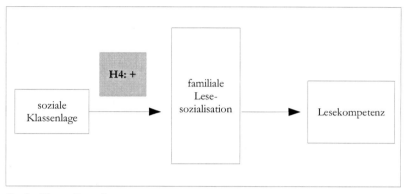

Quelle: Eigene Darstellung

4.2.3 Diskussion der Reproduktionstheorie

Ein zentrales Element für Bourdieu stellt die Wirkungsweise schulischer Institutionen dar. Bildungsinstitutionen verleihen Titel an Personen aus höheren sozialen Klassen, da diese den geforderten Sprachstil aufgrund ihres hohen inkorporierten kulturellen Kapitals entziffern. Diese These stützen Bourdieu und Passeron mit der bildungssoziologischen Studie „Die Illusion der Chancengleichheit" (1971). Diese Untersuchung analysiert die ungleichen Bildungschancen im französischen Universitätswesen. Bourdieus Darstellung des Verhältnisses von sozialer Herkunft und schulischen Abschlüssen (Bourdieu/Passeron 1971: 21) sagt zwar etwas über die Mechanismen und die Funktionsweise der Reproduktion aus, einen empirischen Nachweis für die strukturellen Restriktionen der Bildungsinstitutionen liefert diese Studie jedoch nicht. Unterrichtspraktiken in Form von schulischen Kommunikationsprozessen spielen in ihrer Forschung keine Rolle (Kalthoff 2004: 116). Daher sind Bourdieus Annahmen hinsichtlich der Bedeutung schulischer Strukturen in Frage zu stellen.

Darüber hinaus kann diesem Theorieansatz eine fehlende empirische Konkretisierung attestiert werden. Aus mikrosoziologischer Perspektive ist der fehlende Fokus auf das konkrete soziale Geschehen darauf zurückzuführen, dass Bourdieu auf den Begriff der sozialen Situation verzichtet (Kalthoff 2004: 123).

Trotz der genannten Kritik hat Bourdieu mit der Einführung der verschiedenen Formen von Kulturkapital den Versuch unternommen, „der zunehmenden Bedeutung von Bildung für die soziale Lage der Individuen in modernen Gesellschaften systematisch Rechnung zu tragen" (Krais 1983: 217). Auch der Ansatz, die soziale Gliederung einer Gesellschaft nicht nur nach dem Kapitalumfang, sondern auch nach ihrer Zusammensetzung zu analysieren, verdient Anerkennung (Krais 1983: 218-219).

4.3 Die schichtspezifische Sozialisationsforschung

4.3.1 Theoretische Grundannahmen

Ähnlich wie für Bourdieu spielt die Reproduktion sozialer Ungleichheit auch für die schichtspezifische Sozialisationsforschung eine Rolle.

Die schichtspezifische Sozialisationsforschung erklärt den Zusammenhang zwischen Sozialstatuszugehörigkeit und Schulerfolg mit Hilfe des Sozialisationsprozesses (Näheres zu Sozialisation vgl. Kapitel 2.1). Die Kategorien soziale „Schicht" bzw. „Klasse"[43] – in Form von Einkommen, Kapital, Prestige und Bildung – bilden den Rahmen, innerhalb dessen die familiale Sozialisation stattfindet (Kristen 1999: 5). Über den Sozialisationsprozess entwickeln sich in der Familie „schichtspezifische Persönlichkeiten" (Böttcher 1991: 151). Die schichtspezifische Sozialisationsforschung interessiert sich für die Reaktionen des Bildungssystems auf die unterschiedlich sozialisierten Kinder und die dabei entstehende Reproduktion bestehender Ungleichheiten (Kristen 1999: 5). Nach Rolff lässt sich die zentrale These der schichtspezifischen Sozialisationsforschung wie folgt beschreiben:

> „Die Sozialisation durch den Beruf prägt in der Regel bei den Mitgliedern der sozialen Unterschicht andere Züge des Sozialcharakters als bei den Mitgliedern der Mittel- oder Oberschicht; während der Sozialisation durch die Familie werden normalerweise die jeweils typischen Charakterzüge der Eltern an die Kinder weitervermittelt; die Sozialisation durch die Freundschaftsgruppen der Heranwachsenden vermag die schichtenspezifischen Unterschiede nicht aufzuheben. Da die Sozialisation durch die Schule auf die Ausprägung des Sozialcharakters der Mittel- und Oberschicht besser eingestellt ist als auf die der Unterschicht, haben es die Kinder aus der Unterschicht besonders schwer, einen guten Schulerfolg zu erreichen. Sie erlangen häufig nur Qualifikationen für die gleichen niederen Berufspositionen, die ihre Eltern bereits ausübten. Wenn sie in diese Berufspositionen eintreten, dann ist der Zirkel geschlossen" (Rolff 1997: 34).

---

[43] Zur Abgrenzung von Schicht und Klasse siehe Kapitel 4.3.3.

Bei genauerer Betrachtung stellen sich die Zusammenhänge folgendermaßen dar: Die Schichtvariablen besitzen einen Effekt auf den Erziehungsstil der Eltern. Die erzieherische Haltung der Eltern wiederum beeinflusst die psychosoziale Entwicklung des Kindes. Die erworbenen Persönlichkeitsmerkmale werden im Bildungssystem unterschiedlich bewertet und besitzen damit eine unterschiedliche Verwertbarkeit (Abrahams/Sommerkorn 1976: 88).

Eine These, die in der schichtenspezifischen Sozialisationsforschung oft diskutiert wird, ist der Zusammenhang zwischen Sprachverhalten und Bildungserfolg. Bernstein erklärt diese Verknüpfung anhand der Defizithypothese. In diesem Ansatz wird das familiale Interaktionssystem in die umgebende Sozialstruktur eingebettet. Der Code ist danach durch die schichtabhängige Sozialisation beeinflusst. Die Mittel- bzw. Oberschicht verwendet vor allem einen elaborierten Code, der auf einer relativ offenen und flexiblen Kommunikation von Personen basiert. Die Unterschicht hingegen gebraucht häufig einen restringierten Code. Dieser Code ist weniger an Personen orientiert als an Positionen mit klar strukturierten Verhaltenserwartungen. Als Konsequenz der innerfamilialen Sprechweise orientieren sich Kinder aus der Mittel- bzw. Oberschicht an universalen Bedeutungen. Kinder aus der Unterschicht erfassen partikuläre Bedeutungen (Bernstein 1971: 30). Da das Schulsystem versucht, universales Wissen zu vermitteln, befinden sich Unterschichtskinder im Nachteil (Bernstein 1971: 32).

4.3.2 Erklärung des Phänomens der familialen Lesesozialisation anhand der schichtspezifischen Sozialisationsforschung und daraus abzuleitende Hypothese

Das Phänomen der familialen Lesesozialisation kann auch anhand der schichtspezifischen Sozialisationsforschung dargelegt werden.

Nach Bernstein ist davon auszugehen, dass familiale Lesesozialisation, abhängig von der Schichtzugehörigkeit der Eltern, unterschiedlich hohe Lesekompetenzen erzeugt. Kinder aus der Mittel- bzw. Oberschicht entwickeln einen elaborierten Code, der einer hohen Lesekompetenz entspricht. Bei Kindern aus der Unterschicht entfaltet sich ein restringierter Code, der einer niedrigen Lesekompetenz gleichkommt. Es ist zu vermuten, dass hohe Lesekompetenz im Schulsystem eine größere Verwertbarkeit aufweist als niedrige Lesekompetenz.

Dieser Zusammenhang ist darauf zurückzuführen (siehe Abbildung 4), dass Eltern, abhängig von der Schicht, der sie entstammen, verschiedene Erziehungsstile aufweisen. Dieses Erziehungsverhalten spiegelt sich unter anderem in der familialen Lesesozialisation wider, die ihrerseits die Lesekompetenz beeinflusst.

Hypothese 5:   Je eher Erziehungsberechtigte in der erzieherischen Haltung das Lesen positiv bewerten, desto eher wird familiale Lesesozialisation betrieben.

Abbildung 4: Schematische Darstellung des Einflussfaktors der familialen Lesesozialisation nach der schichtspezifischen Sozialisationsforschung

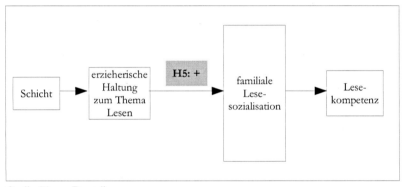

Quelle: Eigene Darstellung

4.3.3 Diskussion der schichtspezifischen Sozialisationsforschung

Ein Problem, das die schichtspezifische Sozialisationsforschung aufweist, ist die „Kluft zwischen Theorie und Empirie" (Grundmann 1994: 164). Aufgrund heterogener Ergebnisse kann die These des schichttypischen Erziehungsverhaltens nicht hinreichend bestätigt werden (Bertram 1976: 105; Bertram 1981: 11; Böttcher 1985: 10; Krais 1996: 128; Rodax/Spitz 1978: 110-113). Ähnlich verhält es sich mit der These hinsichtlich des Selektionsverhaltens der Schule. Auch diese Vermutung kann nicht uneingeschränkt anerkannt werden. Nach Krais ist dieses Resultat womöglich auf den Mangel an Untersuchungen zu diesem Thema zurückzuführen (Krais 1994: 571).

Außerdem weist die schichtspezifische Sozialisationstheorie erhebliche Theoriedefizite auf. Oftmals werden Thesen ohne Theoriebezug ad hoc aufgestellt. So stehen der Ansatz der familialen Sozialisation und die darauf folgende Reaktion der Schule in der Sozialisations-forschung weit gehend unverbunden nebeneinander (Kristen 1999: 7). Statt den Gesamtzu-sammenhang zu untersuchen, werden überwiegend Einzelfaktoren analysiert, die auf einfa-chen Übertragungen und fragwürdigen Analogieschlüssen beruhen, ohne jegliche Verknüp-fung zur systematisch erhobenen Datenbasis (Nauck/Diefenbach 1997: 290).

Ferner ist eine mangelnde Diskussion der Schichtungsvariablen zu entdecken. Der Schicht-Ansatz wird als ein grober Indikator des strukturellen Kontextes angesehen, der diffe-renzierter Analyse bedarf (Oevermann et al. 1976: 168-171; Walter 1973: 43).

Bernsteins Defizithypothese ist ebenfalls zu hinterfragen. Bernstein geht von einer Prägung und Determinierung des Handelns von Individuen durch die Sozialstruktur aus. Zu kri-tisieren ist hierbei die Überbetonung dieses Zusammenhangs. Eigenaktivität findet in sei-nem Ansatz keinerlei Erwähnung, obgleich die Mobilitätsraten aller westlichen Industriege-sellschaften aufzeigen, dass Mobilität mit klassenspezifischer Sprache stattfindet (Bertram 1981: 92).

Darüber hinaus postuliert Bernstein die Stabilität einer entwickelten Sprachform. Die Möglichkeit, den Sprachstil im Laufe des Lebens durch andere sprachliche Codes zu ersetzen, wird nicht thematisiert (Bertram 1981: 92).

Trotz der angesprochenen Schwierigkeiten, die der Ansatz der schichtspezifischen Sozial-isationsforschung in sich birgt, ist dieser Forschungsansatz für das vorliegende Thema rele-vant. Er etabliert „Bildungsungleichheiten" als Explanandum und unternimmt dabei den Versuch, Mechanismen ihrer Entstehung aufzudecken. Hierbei geht dieser Ansatz über die Aufdeckung und Beschreibung ungleicher Bildungsbeteiligung in Abhängigkeit von der so-zialen Herkunft hinaus. Er fragt nach den Ursachen schichtspezifischer Bildungsmuster (Kristen 1999: 8).

5 Forschungsstand zu soziostrukturellen Determinanten der Lesekompetenz

Das folgende Kapitel gibt einen Einblick in den – begrenzten – Forschungsstand zum Thema Lesekompetenz. Hierzu werden die drei relevanten Studien IGLU, PISA und LAU und ihre vorwiegend deskriptiven Ergebnisse dargestellt.[44] Ziel dieses Abschnittes ist es, die soziostrukturellen Determinanten von Lesekompetenz zu benennen. In Kapitel 6 dienen die hier erarbeiteten Erkenntnisse als Grundlage zur Generierung von Kontrollvariablen.

Ergebnisse der IGLU-Studie

Die repräsentative Internationale Grundschul-Lese-Untersuchung (Bos et al. 2003; 2004a), kurz genannt IGLU (engl.: PIRLS: Progress in International Reading Literacy Study), beobachtete im Jahr 2001 das Leseverständnis von deutschen Viertklässlern im internationalen Vergleich (Näheres siehe in Kapitel 7.1). Mit Hilfe von Häufigkeitsvergleichen sind folgende Determinanten des Leseverständnisses zu benennen:

Es zeigt sich ein signifikanter Einfluss der *sozialen Schicht* auf die Lesekompetenz von Viertklässlern. In EGP-Klassen[45] ausgedrückt – dem Indikator für Sozialschicht – weisen Kinder aus Elternhäusern, in denen die Bezugsperson einem Beruf in der oberen bzw. unteren Dienstklasse nachgeht, das höchste Leseverständnis auf (Schwippert/Bos/Lankes 2003: 281). Die Streuung ist beachtenswert. Die Differenz der durchschnittlichen Lesekompetenz von Kindern aus der oberen Dienstklasse zu Kindern aus Haushalten un- und angelernter Arbeiter ist in etwa mit dem Lernzuwachs in einem Schuljahr vergleichbar. Trotz der durchschnittlich großen Leistungsunterschiede zwischen den sozialen Schichten wäre es jedoch falsch, diesen Zusammenhang als deterministisch anzusehen. Denn in den Leistungsverteilungen der verschiedenen Sozialschichten sind deutliche Überlappungen zu beobachten.

Neben der sozialen Schicht beeinflusst auch der *Migrationshintergrund* die Lesekompetenz. Kinder aus Familien, in denen ein Elternteil im Ausland geboren wurde, schneiden

---

[44] Bei Ausweitung des Forschungsinteresses auf Mathematik- bzw. Physikkompetenzen sind die Resultate der TIMSS-Studie von Relevanz (siehe Baumert/Lehmann/Lehrke 1997; Baumert/Bos/Lehmann 2000a; Baumert/Bos/Lehmann 2000b).

[45] Unter EGP-Klassen versteht man einen nach Erikson/Goldthorpe/Portocarero (1979) entwickelten Klassifikationsindex, der den Beruf nach den Gesichtspunkten der Art der Tätigkeit (manuell, nicht manuell, landwirtschaftlich), der Stellung im Beruf (selbstständig, abhängig beschäftigt), den Weisungsbefugnissen (keine, geringe, große) und den zur Berufsausübung notwendigen Qualifikationen (keine, niedrige, hohe) ordnet. Der Vorteil dieses Kategoriensystems ist es, eine angemessene Abbildung des Prestiges und der Einkommensverhältnisse wiederzugeben (Schwippert/Bos/Lankes 2003: 270-271), ohne erhebungstechnisch von Bildungs- und Einkommensmaßen abhängig zu sein (Baumert/Schümer 2001: 328).

schlechter im Lesen ab als Kinder ohne Migrationsgeschichte. Dieser Effekt verstärkt sich, wenn beide Eltern im Ausland auf die Welt gekommen sind (Schwippert/Bos/Lankes 2003: 285). Diese signifikanten Ergebnisse deuten auf eklatante Lernrückstände bei Kindern mit Migrationshintergrund hin. Ob sich dieses Defizit an Lesekompetenz auf kulturelles, soziales oder ökonomisches Kapital[46] zurückführen lässt, bleibt unbeantwortet. Eine weitere Einflussgröße, die zur Erklärung von Lesekompetenz beiträgt, ist das *Geschlecht*. Nach IGLU lesen Mädchen signifikant besser als Jungen (Bos et al. 2004b: 71-72).[47] Ferner sind in der IGLU-Studie *regional* bedingte Leistungsunterschiede zu beobachten. Signifikante Differenzen ergeben sich hierbei zwischen Stadt und Land bzw. zwischen den fünf leistungsstärksten und den fünf leistungsschwächsten Bundesländern. Die Region kann also eine Determinante der Lesekompetenz sein, wenngleich innerdeutsche geographische Grenzziehungen, wie Ost- und Westdeutschland, ihre Bedeutung verloren haben (Schwippert/Bos/Lankes 2003: 287-289).

Mit Hilfe einer mehrfaktoriellen Varianzanalyse zeigt sich, dass die Haupteffekte der Sozialschicht, des Migrationsstatus und des Geschlechts ein Signifikanzniveau erreichen. Dies gilt auch für die Interaktion Migration und Sozialschicht: Familien mit Migrationshintergrund stammen überproportional häufig aus niedrigeren Sozialschichten (Schwippert/Bos/Lankes 2003: 292).

Ergebnisse der PISA-Studie

Während die IGLU-Studie die Lesekompetenz von Viertklässlern misst, untersucht die PISA-Studie (englische Abkürzung für: „Programme for International Student Assessment") die Lesefähigkeit von 15-jährigen Schülern im internationalen Vergleich (Baumert et al. 2001). Neben der Lesekompetenz erfasst PISA auch die mathematische und naturwissenschaftliche Grundbildung.

Wie schon bei IGLU lässt sich auch aufgrund der Ergebnisse in der PISA-Untersuchung ein Zusammenhang zwischen *Sozialschichtzugehörigkeit* und Lesekompetenz beobachten. Ausgedrückt in EGP-Klassen ist der Unterschied zwischen Jugendlichen, deren Eltern der oberen Dienstklasse angehören, und 15-jährigen aus dem unqualifizierten Arbeitermilieu vergleichbar mit der Differenz zwischen dem mittleren Leistungsniveau an Hauptschulen und dem an Realschulen (Baumert/Schümer 2001: 361-362). Zusammengefasst steigt die

---

[46] Näheres zum Thema Kapitalarten siehe in Kapitel 4.2.
[47] Unterscheidet man zwischen Textsorten, so ist der Vorsprung der Mädchen im literarischen Lesen stärker ausgeprägt als im informativen Lesen. Dieses Resultat weist darauf hin, dass auch eine Differenzierung der Lesekompetenz als Untersuchungsgegenstand von Interesse sein kann (Bos et al. 2004b: 73).

Wahrscheinlichkeit, in die Risikogruppe[48] zu fallen, signifikant, wenn der Jugendliche aus einer niedrigen sozialen Schicht stammt.

Außerdem hat der *Migrationshintergrund* einen Effekt auf die Leseleistung. Die Differenz zwischen der Lesekompetenz von Jugendlichen ohne Migrationshintergrund und jungen Heranwachsenden, deren beide Eltern im Ausland geboren wurden, stellt sich als signifikant verschieden dar (Baumert/Schümer 2001: 375-376). Bestätigt wird dieses Resultat durch die Feststellung, dass fast 50 Prozent der Jugendlichen aus zugewanderten Familien nicht die elementare Kompetenzstufe I im Lesen überschreiten.

Darüber hinaus lässt sich in der PISA-Studie eine statistisch signifikante Differenz zwischen der Lesekompetenz von *Jungen zu Mädchen* aufzeigen.[49]

Ergebnisse der LAU-Studie

Während IGLU und PISA Querschnittstudien darstellen, handelt es sich bei der Untersuchung „Aspekte der Lernausgangslage und der Lernentwicklung" (kurz: LAU) um eine Längsschnittstudie. Seit 1996 wurde ein Großteil der Hamburger Fünftklässler im Abstand von zwei Jahren getestet. Während in der fünften Klasse in erster Linie Daten zur Lernausgangslage erhoben wurden, stand in der siebten, neunten und elften Klasse vor allem die Lernentwicklung in verschiedenen Fächern im Vordergrund. Für die vorliegende Arbeit sind die Einflussfaktoren des Leseverständnisses im Fach Deutsch relevant.

Nach Lehmann et al. (2004) determiniert der *Migrationshintergrund* das Leseverständnis von Elftklässlern. Mit Hilfe eines Mittelwertvergleichs von Subgruppen stellen sie fest, dass Schüler ohne Migrationshintergrund im Leseverständnis über dem Gesamtdurchschnitt liegen. Schüler mit Migrationshintergrund erreichen hingegen Ergebnisse, die unter dem Gesamtdurchschnitt angesiedelt sind. Am deutlichsten zeigt sich dieser Effekt jedoch in der Subgruppe der Ausländer. Hier befindet sich das durchschnittliche Leseverständnis deutlich unter dem Mittelwert. Aufgrund des Längsschnittcharakters dieser Studie würde es sich anbieten, den Zusammenhang zwischen Leseverständnis und Migrationshintergrund über verschiedene Klassenstufen hinweg zu beobachten. Hierzu legen Lehmann et al. je-

---

[48] Nach Artelt et al. (2001a) versteht man unter Risikogruppe „15-jährige, die die Kompetenzstufe I nicht erreicht haben" (Artelt et al. 2001a: 117). Die Anforderungen an Schüler der Kompetenzstufe I lassen sich folgendermaßen beschreiben: Die Lokalisierung angegebener Informationen, das Erkennen des Hauptgedankens des Textes und die Herstellung einer einfachen Verbindung zwischen Informationen aus dem Text und weit verbreitetem Alltagswissen (Artelt et al. 2001a: 89).

[49] Differenziert nach Teilbereichen des Lesens verstärkt sich dieser Unterschied bei „Reflektieren und Bewerten" bzw. bei „kontinuierlichen Texten" und verringert sich in geringem Maße bei „Informationen ermitteln" (Stanat/Kunter 2001: 257).

32

doch keine Ergebnisse vor. Auch die Frage, auf welche Kapitalarten sich das defizitäre Leseverständnis von Kindern mit Migrationshintergrund zurückführen lässt, bleibt unbeantwortet.

Darüber hinaus vergleichen Lehmann et al. im Längsschnitt die Leistungsentwicklung des Leseverständnisses zwischen jungen *Frauen und Männern*. Hierbei ist festzustellen, dass sich der Leistungsvorsprung der Mädchen zu den Jungen von der Klassenstufe 5 bis zur Klassenstufe 9 fortwährend vergrößert. In der Klassenstufe 11 hingegen fällt die Differenz auf das Ausgangsniveau der fünften Klasse zurück.

Des Weiteren ist in der elften Klasse eine negative Korrelation zwischen der Fachleistung der Schüler und deren *Alter* zu beobachten. Ein Grund hierfür scheinen die unterschiedlichen Altersdurchschnitte der verschiedenen „Bildungsganggruppen" zu sein (Lehmann et al. 2004: 125). Wie sich die Korrelation jedoch in Bezug auf das Niveau des Leseverständnisses darstellt, bleibt unklar.

Zusammenfassung

Fasst man die Ergebnisse von IGLU, PISA und LAU allgemein zusammen, so ist von Folgendem auszugehen: Wie in Abbildung 5 dargestellt ist die Lesekompetenz von Schülern durch die Variablen der Sozialschichtzugehörigkeit, des Migrationshintergrundes, des Geschlechts, der Region und des Alters determiniert. Darüber hinaus ist zu vermuten, dass die geringe Lesekompetenz von Kindern mit Migrationshintergrund auf deren häufig niedrige Sozialschichtzugehörigkeit zurückzuführen ist.

Abbildung 5: Schematische Darstellung der soziostrukturellen Einflussfaktoren der Lesekompetenz nach IGLU, PISA und LAU

Quelle: Eigene Darstellung

6 Zusammenfassung der Hypothesen

Im Fokus des folgenden Kapitels steht die Darstellung aller generierten Hypothesen. Da die Ableitung der Hypothesen in verschiedenen Kapiteln erfolgte (Kapitel 3 und 4), werden sie hier noch einmal zusammenfassend dargestellt (siehe Tabelle 1).

Aus dem Forschungsstand zu familialer Lesesozialisation (vgl. Kapitel 3) geht Hypothese 1 hervor, die Lesekompetenz mittels familialer Lesesozialisation erklärt. Darüber hinaus wurde eine Hypothese zur Erklärung familialer Lesesozialisation anhand der elterlichen Bildung abgeleitet (siehe Hypothese 2). Ferner ist anzunehmen, dass „Geschlecht", „Geschwisteranzahl", „Alter" und „Region" Störvariablen der Lesekompetenz darstellen. Daher werden diese Merkmale als Kontrollvariablen in die nachfolgenden Analysen einbezogen.

Tabelle 1: Übersicht über die Hypothesen und deren Ableitungskontext

	Forschungsstand zu familialer Lesesozialisation
H1	Je mehr Erziehungsberechtigte familiale Lesesozialisation betreiben, desto höher ist die Lesekompetenz des Kindes.
H2	Je höher die Bildung der Erziehungsberechtigten, desto mehr betreiben sie familiale Lesesozialisation.
	Beckers Humankapitaltheorie
H3	Je höher Erziehungsberechtigte die Kosten familialer Lesesozialisation einschätzen, desto weniger wird familiale Lesesozialisation betrieben.
	Bourdieus Reproduktionstheorie
H4	Je höher die soziale Klassenlage, aus der die Erziehungsberechtigten stammen, desto mehr wird familiale Lesesozialisation betrieben.
	Schichtspezifische Sozialisationsforschung
H5	Je eher Erziehungsberechtigte in der erzieherischen Haltung das Lesen positiv bewerten, desto eher wird familiale Lesesozialisation betrieben.

Quelle: Eigene Darstellung

Auf der Basis der Humankapitaltheorie von Becker, der Reproduktionstheorie von Bourdieu und der schichtspezifischen Sozialisationsforschung wurden weitere Hypothesen zur Erklärung des Phänomens der familialen Lesesozialisation abgeleitet (vgl. Hypothesen 3-5).

Darüber hinaus ist, unter Einbezug des Forschungsstandes zu soziostrukturellen Determinanten der Lesekompetenz (vgl. Kapitel 5), der Migrationshintergrund der Kinder zu berücksichtigen. IGLU, PISA und LAU beobachten einen Zusammenhang zwischen dem Migrationshintergrund und der Lesekompetenz. In der nachfolgenden Analyse wird der Migrationshintergrund als Kontrollvariable der Lesekompetenz berücksichtigt.

Abbildung 6 beschreibt das Zusammenhangsgeflecht aller aufgestellten Hypothesen.

Abbildung 6: Zusammenhangsgeflecht aller aufgestellten Hypothesen

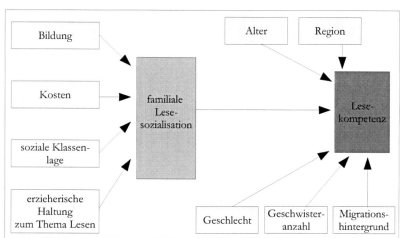

Quelle: Eigene Darstellung

7 Grundlagen der empirischen Analyse des Phänomens der familialen Lesesozialisation

Im folgenden Kapitel wird zunächst der IGLU-Datensatz vorgestellt. Hierbei liegt der Fokus auf der Datenerhebung, seiner Ausschöpfungsquote und den Chancen und Grenzen dieser Datenbasis. Nach der Erläuterung der Auswertungsstrategie erfolgt die Operationalisierung der Variablen.

7.1 Der IGLU-Datensatz und seine Ausschöpfungsstatistik

Die Überprüfung der im Theorieteil abgeleiteten Hypothesen basiert in der vorliegenden Forschungsarbeit auf einer Sekundäranalyse der IGLU-Daten.

Wie schon in Kapitel 5 erwähnt wurde in der Internationalen Grundschul-Lese-Untersuchung (IGLU) das Leseverständnis von Kindern am Ende der vierten Klasse untersucht. Weltweit beteiligten sich im Herbst 2001 146460 Grundschulkinder aus 35 Staaten an dieser von der „International Association for the Evaluation of Educational Achievement" (IEA) initiierten und organisierten Studie „Progress in International Reading Literacy Study" (PIRLS).[50] In Deutschland wurden 151 Schulen aus allen Bundesländern proportional zur Einwohnerzahl des jeweiligen Bundeslandes gezogen. Darüber hinaus erweiterten einige Bundesländer ihre Stichprobe. Insgesamt umfasste das Sample bundesweit 216 Schulen. Nach Abzug von Ausschlüssen (Bos et al. 2003: 9) gingen 211 Schulen in die Auswertung ein. Diese Schulanzahl bedeutet eine Ausschöpfungsquote der Schulteilnahme von 98 Prozent. Nach internationalen Vorgaben ist diese Teilnahmequote zufrieden stellend (Bos et al. 2003: 12). Auf der Basis von 211 Schulen und nach dem Ausschluss einzelner Schüler (Bos et al. 2003: 12) hätten 8997 Schüler getestet werden müssen. Von 7654 Schülern liegen Daten vor. Ungewichtet beträgt die Schülerteilnahmequote 86,7 Prozent, gewichtet 88,1 Prozent. Die Ausschöpfungsquote über die Schulen und Schüler hinweg beläuft sich ungewichtet auf 85,1 Prozent und gewichtet auf 86,4 Prozent. Diese Teilnahmequote entspricht den internationalen Vorgaben (Bos et al. 2003: 12).

---

[50] In Deutschland wurde IGLU um die Studie IGLU-E erweitert. In der Erweiterungsuntersuchung erhob man die Kompetenzen in Mathematik, Naturwissenschaften und Orthographie. Für die vorliegende Fragestellung sind ausschließlich die Daten zur Lesekompetenz relevant. Daher steht hier der IGLU-Datensatz im Fokus.

Der Test zur Erfassung des Leseverständnisses wurde in der Weise entwickelt, dass er Lesekompetenz als eine Kompetenz versteht, die auch über den Unterricht hinaus für die Lebensbewältigung förderlich ist. Was sich genau hinter dem Konstrukt der Lesekompetenz verbirgt, wird in Kapitel 7.4.1 beschrieben.

Neben der Erhebung von Testergebnissen wurden Eltern, Lehrer, Schulleiter und Kinder mit Hilfe von Fragebögen befragt. Für die vorliegende Arbeit sind die Testergebnisse und die Kinder- bzw. Elternfragebögen (siehe Anhang I bzw. II) relevant. Letztere liefern Daten zu familialen Hintergründen der Schüler bzw. zu lern- und leistungsrelevanten Merkmalen der Kinder.

7.2 Chancen und Grenzen des IGLU-Datensatzes

Chancen

Zur Analyse der vorliegenden Fragestellung eignet sich die Internationale Grundschul-Lese-Untersuchung in hohem Maße. In ihrer Form ist sie bislang bundesweit einzigartig.

Der Datensatz umfasst sowohl soziostrukturelle Variablen als auch Ausprägungen differenzierter Bereiche der familialen Lesesozialisation. Darüber hinaus ermittelte man die Lesekompetenz von Kindern am Ende der vierten Klasse, also noch vor dem Übergang auf weiterführende Schulen. Dieser Zeitpunkt ist für die Untersuchung der familialen Lesesozialisation relevant: Die Lesekompetenz der Kinder lässt sich aufgrund der gleichen schulischen Bildung auf die familiale Lesesozialisation zurückführen. Würde die Beobachtung auf einen späteren Zeitpunkt verlegt werden, könnte man die familiale Lesesozialisation nicht mehr vorbehaltlos mit so hoher Bedeutung in die Erklärung und Einschätzung der Lesekompetenz einbeziehen. Vielmehr wäre davon auszugehen, dass auch der Besuch eines bestimmten Schultyps die Lesekompetenz beeinflusst.

Bei den IGLU-Daten handelt es sich, wie in Kapitel 7.1 dargestellt, um eine Zufallsstichprobe. Diese Auswahl lässt daher einen Schluss auf die Grundgesamtheit Deutschland zu.

Grenzen

Eine Problematik der IGLU-Daten von 2001 ist, dass es sich um Querschnittsdaten handelt. Die Variablenwerte wurden einmalig erhoben.[51] Diese wenig informative Daten-

---

[51] Im Frühjahr 2006 wurden die Lesekompetenzen von Schülern der vierten Klasse, unter Beteiligung Deutschlands, erneut international untersucht (Institut für Schulentwicklungsforschung). Damit ist die Datenerhebung der Internationalen Grundschul-Lese-Untersuchung auf ein Trenddesign zurückzuführen. Da die Daten jedoch noch nicht zugänglich sind, wird an dieser Stelle von Querschnittsdaten gesprochen.

basis kann den Zusammenhang zwischen familialer Lesesozialisation und Lesekompetenz nur unzureichend erklären (Diekmann 1999: 267-269). Um den kurzfristigen wie auch langfristigen Einfluss der familialen Lesesozialisation zu untersuchen, wären Längsschnittdaten erforderlich. Eine solche Datenbasis existiert bis dato noch nicht. Da eine solche Erhebung den zeitlichen Rahmen dieser Arbeit gesprengt hätte, werden die IGLU-Daten hier unter Berücksichtigung der beschriebenen Problematik verwendet.

Ferner ist die Validität retrospektiver Angaben der Eltern zu familialer Lesesozialisation zu diskutieren. Es wäre denkbar, dass Erziehungsberechtigte die familiale Lesesozialisation im Nachhinein, z. B. aufgrund von daraufhin erlebten Bildungserfolgen der Kinder, verzerrt wiedergeben und sich somit selektiv erinnern. Diese Überlegungen werden von einigen Autoren gestützt, die von einer hohen Validität der Perzeption von elterlichen Erziehungspraktiken durch ihre Kinder ausgehen (vgl. Ausubel et al. 1954; Cox 1970). Für die Untersuchung der familialen Lesesozialisation fordert Hurrelmann darüber hinaus eine zeitgleiche Erfassung der Eltern und Kinder.

„Aber Untersuchungen, die herausfinden sollen, welche Wirkungsstrukturen in der Familie entscheidend sind und wie die Familien ihre Aufgaben in der Lesesozialisation heute erfüllen, dürfen sich natürlich nicht mit der Hilfskonstruktion der retrospektiven Befragung nur einer Person begnügen. Sie müssen versuchen, das Sozialisationsgeschehen zeitgleich zu erfassen und sie müssen nicht nur die Kinder, sondern auch ihre Eltern als Informanten berücksichtigen, um dem interaktiven Charakter des Sozialisationsgeschehens Rechnung zu tragen" (Hurrelmann 1997: 134).

Bei der Untersuchung der familialen Lesesozialisation würde sich jedoch bei der Erhebung der Kindersicht das Problem der kindlichen Erinnerung stellen. Es scheint ziemlich unwahrscheinlich, dass Kinder ihre familiale Lesesozialisation, die sie bewusst nur in eingeschränktem Maße wahrgenommen haben, unverzerrt darstellen.

7.3 Auswertungsstrategie

Die Analyse der Hypothesen erfolgt in zwei Schritten. Im ersten Schritt werden in Kapitel 8.2 die aus der Theorie abgeleiteten Hypothesen bivariat anhand von Korrelationen getestet. Die Korrelationsanalyse dient der Aufdeckung und Untersuchung der Stärke und Richtung möglicher Zusammenhänge zwischen einer abhängigen und einer unabhängigen Variable. Schlüsse auf Kausalitäten lässt diese Analysemethode nicht zu (Backhaus et al. 2003: 341). Da in der vorliegenden Arbeit die unabhängigen Variablen bzw. Kontrollvariablen ordinal- bzw. intervallskaliert sind und die abhängigen Variablen metrisches Skalenniveau aufweisen (vgl. Kapitel 7.4), werden zwei verschiedene bivariate Zusammenhangsmaße verwendet. Bei der Untersuchung von zwei intervallskalierten Variablen bietet sich die Produkt-Moment-Korrelation nach Pearson an. Ist mindestens eine der beiden Variablen ordinal-skaliert, wird der Rangkorrelationskoeffizient nach Spearman (Bühl/Zöfel 2002: 318) berechnet. Die Stärke des Zusammenhangs zeigt sich anhand des Korrelationskoeffizienten. Dieser Koeffizient kann zwischen -1 und +1 liegen. Ein Wert nahe bei 1 beschreibt einen starken Zusammenhang liegt er nahe bei 0, ist von einem schwachen Zusammenhang auszugehen (Kühnel/Krebs 2001: 404-405).

Um ein Ergebnis als signifikant bezeichnen zu können, wird das Signifikanzniveau des ermittelten Korrelationskoeffizienten auf 5 Prozent festgelegt. Ein Signifikanzniveau von 5 Prozent bedeutet, dass ein Ergebnis als signifikant akzeptiert wird, welches per Zufall nur in 5 Prozent aller Stichprobenziehungen auftreten würde, wenn der vermutete Zusammenhang in der Grundgesamtheit gar nicht besteht (Bortz/Döring 2002: 497).[52]

Im zweiten Schritt erfolgt in Kapitel 8.3 die multivariate Analyse anhand der multiplen linearen Regression. Mit ihrer Hilfe lässt sich die vermutete lineare Beziehung zwischen der abhängigen Variable und mehreren unabhängigen Variablen quantifizieren. Damit ist es möglich, Angaben hinsichtlich der Änderung der abhängigen Variable bei einer Veränderung der unabhängigen Variablen zu formulieren (Backhaus et al. 2003: 47). Die abhängige Variable sollte bei diesem Verfahren metrisch skaliert sein. Die unabhängigen Variablen sollten entweder metrisches Skalenniveau aufweisen oder Dummy-Variablen darstellen (Backhaus et al. 2003: 50). Werden ordinalskalierte Variablen in die Analyse einbezogen, sollten diese zunächst in Dummy-Variablen codiert werden. Bei einer hohen Anzahl von ordinalen unabhängigen Variablen führt diese Umcodierung zu einer hohen Anzahl an Dummy-Variablen. Beim Aufnehmen dieser Dummy-Variablen in das Modell ergeben sich häufig Interpretationsschwierigkeiten in Bezug auf die Ergebnisse. Neben den Statistikern, die ausschließlich metrische Variablen bzw. Dummy-Variablen als unabhängige Variablen in das Regressionsmodell zulassen, gibt es auch Statistiker wie Bühl, die intervallskalierte, dichotome *und* ordinalskalierte unabhängige Variablen in die Regressionsanalyse einbeziehen (Bühl/Zöfel 2002: 341-342). Aufgrund der angesprochenen Interpretationsschwierigkeit bei einer hohen Anzahl an Dummy-Variablen werden auch unabhängige Variablen mit ordinalem Skalenniveau in das Regressionsmodell aufgenommen.

---

[52] Das Signifikanzniveau p<0,05 gilt auch für die multivariate Analyse.

Die Schätzung der Parameter der stochastischen Stichprobenregressionsfunktion erfolgt anhand der Methode der kleinsten Quadrate (Ordinary Least Squares, OLS) (Riedwyl/Ambühl 2000: 10). OLS-Schätzer gelten als unverzerrt, effizient und konsistent (Braun 2004: 52).[53] Die Güte der Parameterschätzung hängt von folgenden Annahmen des multiplen linearen Regressionsmodells ab:

- Linearität
- Homoskedastizität
- keine Autokorrelation
- keine perfekte Multikollinearität
- Normalverteilung der Störgrößen

In Kapitel 8.3.1 wird der IGLU-Datensatz auf diese Annahmen hin überprüft.

Die Regressionskoeffizienten haben eine wichtige inhaltliche Bedeutung für das Modell. Sie geben an, in welchem Ausmaß sich die abhängige Variable bei der Änderung der unabhängigen Variable um eine Einheit verändert. Um die Regressionskoeffizienten miteinander vergleichen zu können, werden die Regressionskoeffizienten der ordinalen bzw. intervallskalierten unabhängigen Variablen standardisiert und als Beta-Werte ausgegeben. Somit lässt sich die Größe eines Regressionskoeffizienten, bei Abwesenheit von Multikollinearität, auch als Maß für die Wichtigkeit der unabhängigen Variable interpretieren (Backhaus et al. 2003: 62). Negative Regressionskoeffizienten führen zu einer negativen, während positive Regressionskoeffizienten zu einer positiven Änderung der abhängigen Variable führen.

Stellt die unabhängige Variable eine dichotome Variable dar, so wird der nicht standardisierte Koeffizient B angegeben. Dieser Koeffizient eignet sich besser dazu, die Beziehung zwischen einer dichotomen unabhängigen Variable und einer metrisch abhängigen Variable abzubilden (Kohler/Kreuter 2001: 195).

Neben dem Regressionskoeffizienten wird in der nachfolgenden Analyse auch der t-Wert angegeben. Dieser errechnet sich mittels der Division des Regressionskoeffizienten durch dessen Standardfehler und dient als Basis für einen Signifikanztest (t-Test) des Regressionskoeffizienten. Der t-Test überprüft also, ob sich der Regressionskoeffizient signifikant von 0 unterscheidet (Backhaus et al. 2003: 73-75).

---

[53] Im Englischen bezeichnet man diese Eigenschaften als BLUE (Best Linear Unbiased Estimators) (Backhaus et al. 2003: 79). Zurückzuführen sind diese Merkmale auf das Gauß-Markov-Theorem (Bleymüller/Gehlert/Gülicher 2002: 150).

Ein Maß, das eine Aussage über die Güte der Anpassung der Regressionsfunktion an die empirischen Daten trifft, ist das Bestimmtheitsmaß R^2. Dieses Bestimmtheitsmaß erfasst, ob und wie gut die abhängige Variable durch das Regressionsmodell erklärt wird, d. h. wie viel Varianz der abhängigen Variable das gesamte Modell erklärt (Backhaus et al. 2003: 63). Der Wertebereich des Bestimmtheitsmaßes liegt zwischen 0 und 1. Die Höhe des Wertes gibt den Anteil der aufgeklärten Varianz an. Das Bestimmtheitsmaß wird in seiner Höhe durch die Anzahl der unabhängigen und Kontrollvariablen im Modell beeinflusst. Daher wird in der folgenden Analyse das korrigierte Bestimmtheitsmaß (korrigiertes R^2) berichtet, da dieses Maß die Anzahl der Variablen im Modell berücksichtigt (Backhaus et al. 2003: 66-68).

In der vorliegenden Analyse wird zusätzlich der F-Test durchgeführt. Dieser Test prüft, ob die Gesamtheit der unabhängigen Variablen bzw. der Kontrollvariablen zur Erklärung der Zielgröße beiträgt und somit nicht alle Regressionsparameter gleich Null sind (Backhaus et al. 2003: 69; 75-76).

7.4 Operationalisierung der Variablen

In diesem Kapitel erfolgt die Operationalisierung der Variablen[54]. Zuerst wird die Konstruktion der abhängigen Variablen beschrieben und anschließend erfolgt die Operationalisierung der unabhängigen Variablen. Den Abschluss dieses Kapitels bildet die Darstellung der Indikatoren der Kontrollvariablen.

7.4.1 Abhängige Variablen

Die abhängigen Variablen stellen in der vorliegenden Arbeit die familiale Lesesozialisation und die Lesekompetenz dar (vgl. Kapitel 6). In diesem Abschnitt wird zunächst der Indikator für familiale Lesesozialisation vorgestellt, anschließend wird der Indikator für Lesekompetenz beschrieben.

Familiale Lesesozialisation wird als abhängige Variable anhand des Indikators „Gespräche sowie prä- und paraliterarische Kommunikation" abgebildet. Während familiale Lesesozialisation als unabhängige Variable durch mehrere Indikatoren ausgedrückt wird (siehe Kapitel

---

[54] Die Informationen zu den einzelnen Variablen stammen entweder aus dem online veröffentlichten Dokument „PIRLS 2001 User Guide for the International Database" (Gonzalez/Kennedy 2003) oder aus dem IGLU-Skalenhandbuch von Bos et al. (2005).

7.4.2), wird familiale Lesesozialisation als abhängige Variable ausschließlich durch „Gespräche sowie prä- und paraliterarische Kommunikation" gemessen. Der Grund hierfür liegt in der vermuteten hohen Erklärungskraft dieser Variable für die Lesekompetenz. In Kapitel 3 wird in der Untersuchung „Leseklima in der Familie" ein breiter Wirkungsbereich dieses Einflussfaktors beobachtet. Gespräche sowie prä- und paraliterarische Kommunikation beeinflusst sowohl die Lesefreude, die Lesefrequenz, die Lesedauer und die Leseerfahrung als auch die Lesehemmung. Aufgrund dieser Eigenschaft eignet sich diese Variable als Indikator für familiale Lesesozialisation. Denn wie in Kapitel 2.1 aufgezeigt, wird unter Lesekompetenz der Prozess des Erwerbs von Lesekompetenz verstanden. Und gerade durch Gespräche sowie prä- und paraliterarische Kommunikation ist Lesekompetenz zu erwerben.

Das Konstrukt „Gespräche sowie prä- und paraliterarische Kommunikation" wird hier durch einen additiven Index gemessen. Bei additiven Indizes werden Indikatoren, die jeweils dieselben Aspekte eines sozialen Tatbestands ausdrücken und denselben Wertebereich besitzen, aufaddiert (Schnell/Hill/Esser 2005: 171-172). Der additive Index „Gespräche sowie prä- und paraliterarische Kommunikation" besteht aus sechs Variablen. In Anlehnung an Hurrelmann et al. (1993) (vgl. Kapitel 3) beschreibt eine Variable „Gespräche" und fünf Variablen erfassen verschiedene Bereiche der prä- und paraliterarischen Kommunikation. Eltern sollten bei den einzelnen Items angeben, wie häufig sie folgende Aktivitäten vor Schuleintritt mit ihrem Kind praktiziert haben: Bücher lesen, Geschichten erzählen, Lieder singen, mit Alphabet-Spielzeug spielen, Wortspiele spielen und über Gelesenes gemeinsam sprechen.[55] Wurden die genannten Tätigkeiten nie bzw. fast nie durchgeführt, wurde das mit dem Wert „1" codiert. Gingen die Eltern diesen Beschäftigungen mit dem Kind manchmal bzw. oft nach, wurde dies mit der Ausprägung „2" bzw. „3" erfasst.

Durch die Indexbildung ist ein Kontinuum der Aktivitäten entstanden, welches messtheoretisch als eine Variable mit intervallskaliertem Skalenniveau betrachtet werden kann (Gilberg/Hess/Schröder 2001: 385).

Die Schätzung der Zuverlässigkeit additiver Itemskalen erfolgt durch den Reliabilitätskoeffizienten Cronbachs α (Alpha). Dieser Wert kann zwischen 0 und +1 liegen, wobei +1 auf eine hohe Homogenität der Skala hinweist (Brosius/Koschel 2001: 71-72). In psycholo-

---

[55] In der internationalen Version des Elternfragebogens lautet die Frage zu „über Gelesenes gemeinsam sprechen": „Before your child began ‚ISCED Level 1', how often did you or someone else in your home (country-specific) with him or her?". Das IGLU-Skalenhandbuch gibt Aufschluss darüber, dass man in Deutschland nach „über Gelesenes gemeinsam sprechen" fragte (Bos et al. 2005: 56).

gischen Studien gelten Werte ab α =0,5 als akzeptabel (Bortz/Döring 1995: 184). Das Cronbachs α des Indikators „Gespräche sowie prä- und paraliterarische Kommunikation" beträgt 0,630. Dieser Wert deutet auf eine mäßige, jedoch akzeptable Homogenität der Skala hin. Folglich kann dieser Indikator in die Analyse einbezogen werden.

Das Konzept von *Lesekompetenz*, auf das sich PISA und IGLU beziehen (vgl. Kapitel 1 bzw. Kapitel 5), basiert auf der angelsächsischen Literacy-Tradition. Dieses Konzept setzt es sich zum Ziel, grundlegende Kompetenzen zu beschreiben, die in der Wissensgesellschaft relevant sind (Bos et al. 2004b: 50). Unter „reading literacy" wird demnach die Fähigkeit verstanden, „Lesen in unterschiedlichen für die Lebensbewältigung praktisch bedeutsamen Verwendungssituationen einsetzen zu können" (Bos et al. 2004b: 50). Das Modell der Lesekompetenz von IGLU basiert auf dem kognitionspsychologischen Forschungsansatz von Dijk und Kintsch (1983) und dem psychometrischen Ansatz von Kirsch und Mosenthal (1989-1991). Auf dieser theoretischen Grundlage wurde die Testkonstruktion der Lesekompetenz von einer international zusammengesetzten Expertengruppe aufgebaut (vgl. Campbell et al. 2001). Der Fokus lag hier, im Sinne der „reading literacy", auf der Erhebung der Dimensionen „Aspekte der Verstehensleistung" und „Leseintention". Hierzu wurden verschiedene Lesetexte eingesetzt. Unter Berücksichtigung der Leseintentionen von 9- und 10-jährigen Schülern wurden authentische Texte unterschiedlicher Textgattungen ausgewählt (Bos et al. 2004b: 52). Darauf basierend wurden Testaufgaben formuliert, welche die Dimensionen der IGLU-Lesekompetenz erfassen (siehe Abbildung 7). Das bedeutet, es wurden pro Text in gleichem Maße Fragen zu den vier Aspekten des Leseverständnisses und den beiden Leseintentionen generiert (Bos et al. 2004b: 52).

Abbildung 7: Dimensionen der IGLU-Lesekompetenz

		ASPEKTE DER VERSTEHENSLEISTUNG			
		Erkennen und Wiedergeben explizit angegebener Informationen	Einfache Schlussfolgerungen ziehen	Komplexe Schlussfolgerungen ziehen und begründen, Interpretieren des Gelesenen	Prüfen und Bewerten von Inhalt und Sprache
LESEINTENTION	Lesen literarischer Texte	Was macht die Hauptfigur am Anfang der Geschichte?	Wie haben die Handlungsträger die Probleme bewältigt?	Was würde in der Geschichte geschehen, wenn ...?	Wie gelang dem Autor dieses überraschende Ende?
	Erwerb und Gebrauch von Informationen	Was für Konsequenzen werden in diesem Text genannt?	Warum hat die in diesem Artikel beschriebene Person ...?	Was würde nach diesen Informationen passieren, wenn ...?	Was kannst du mit den Informationen anfangen?

Quelle: Bos et al. 2004b: 51; eigene Darstellung

Konkret kann man sich den Lesekompetenztest folgendermaßen vorstellen: Die Schüler lasen jeweils zwei Kurzgeschichten und beantworteten im Anschluss daran pro Text zwischen elf und vierzehn Fragen (siehe Anhang III bzw. IV). Zur Beantwortung der Fragen stand es den Kindern frei, auf die Texte zurückzugreifen. Jeweils zur Hälfte bestanden die Fragen aus Multiple-Choice-Aufgaben bzw. freien Antwortformaten. Die Bearbeitungszeit pro Text betrug 40 Minuten (Bos et al. 2004b: 52).

Mit Hilfe verschiedener Skalierungsverfahren, wie der Item-Response-Theorie oder der probabilistischen Testtheorie (siehe Rost 1999; Jäger/Petermann 1995; Mislevy et al. 1992), wurde eine zuverlässige Bestimmung der Leistungswerte möglich, obwohl jedes Kind nur eine Teilmenge der eingesetzten Testaufgaben bearbeitete (Bos et al. 2004b: 53).

Das Konstrukt der Lesekompetenz wird in der vorliegenden Arbeit durch eine metrische Variable operationalisiert, welche die durchschnittliche Punktzahl über alle Aufgaben aufweist. Aufgrund ihrer Funktion als Schlüsselqualifikation ist die Lesekompetenz für die Bildungssoziologie von Interesse (vgl. Kapitel 1). Um diese Eigenschaft auch in der Analyse abzubilden, ist das Modell der Lesekompetenz ausschließlich unter Einbezug sowohl der „Aspekte der Verstehensleistung" als auch der „Leseintention" modellierbar.

Die Operationalisierung der abhängigen Variablen ist in Tabelle 2 zusammengefasst.

Tabelle 2: Operationalisierung der abhängigen Variablen

Konstrukt	Indikatoren	Definition	Erhebungs-instrument; Frage im Fragebogen

Gespräche sowie prä- und paraliterarischer Kommunikation	- Bücher lesen
	- Geschichten erzählen
	- Lieder singen
	- mit Alphabet-
	  Spielzeug spielen
	- Wortspiele spielen
	- über Gelesenes
	  gemeinsam sprechen
		1 = nie bzw. fast nie
		2 = manchmal
		3 = oft
			Elternfragebogen; 2a,
			2b,
			2c,
			2d,
			
			2f,
			2k

Lesekompetenz	durchschnittliche Punktzahl über alle Aufgaben	metrisches Merkmal	Lesekompetenztest

Quelle: Eigene Darstellung

7.4.2 Unabhängige Variablen

In dem folgenden Abschnitt wird zuerst die Operationalisierung der Einflussfaktoren der familialen Lesesozialisation beschrieben (siehe Tabelle 3). Daraufhin wird die Modellierung des Konstrukts der familialen Lesesozialisation vorgestellt, welches hinsichtlich seines Zusammenhangs mit Lesekompetenz untersucht wird (siehe Tabelle 4).

Zuallererst geht es um die elterliche *Bildung*, wobei in der vorliegenden Arbeit davon ausgegangen wird, dass sowohl das Bildungsniveau des Vaters als auch das der Mutter einen Einfluss auf familiale Lesesozialisation besitzt. Das Bildungsniveau der Erziehungsberechtigten wurde in Anlehnung an Schimpl-Neimanns' (2000) Variablenkombination „Schul- und Berufsbildung" erfasst. Die kombinierte Messung von allgemeiner und beruflicher Bildung bedeutet für die vorliegende Fragestellung Folgendes: Über die Schulbildung hinaus besitzt auch die berufliche Bildung der Eltern einen Einfluss auf die Lesekompetenz des Kindes (Henz 1996: 51). Schimpl-Neimanns unterscheidet zwischen Volksschule (2), Volksschule mit Lehre (3), Fach- bzw. Technikerschule (4), Mittlerer Reife (5), Fach- bzw. Hochschulreife (6) und Fach- bzw. Hochschule (7) (Schimpl-Neimanns 2000: 15-16). In der vorliegenden Arbeit wurde diese Form der Codierung durch die Ausprägung „kein Schulabschluss" (1) erweitert, da für die Erklärung der familialen Lesesozialisation auch dieses Merkmal relevant ist. Zunächst wurde die Codierung für Vater und Mutter separat vorgenommen. Daraufhin wurde eine Variable gebildet, in die jeweils der Elternteil einging, welcher die höchste Schul- bzw. Berufsbildung aufweist. Die kombinierte Variable wird in die Analyse eingehen.

Tabelle 3: Operationalisierung der Erklärungsvariablen der familialen Lesesozialisation

Konstrukt	Indikatoren	Definition	Erhebungs-instrument; Frage im Fragebogen
Bildung	Schul- und Berufsbildung von Vater und Mutter	1 = kein Abschluss 2 = Volksschule 3 = Volksschule mit Lehre 4 = Fach-/Technikerschule 5 = Mittlere Reife 6 = Fach-/Hochschulreife 7 = Fach-/Hochschule	Elternfragebogen; 14a, b
Kosten	Haushaltseinkommen (brutto)	1 = 120 000 DM oder mehr 2 = 100 000 DM - 119 999 DM 3 = 80 000 DM - 99 999 DM 4 = 60 000 DM - 79 999 DM 5 = 40 000 DM - 59 999 DM 6 = unter 40 000 DM	Elternfragebogen; 18
soziale Klassenlage	berufliche Stellung von Vater und Mutter	1 = un- und angelernte Arbeiter, Landarbeiter 2 = Facharbeiter und Angestellte in manuellen Berufen 3 = Selbstständige 4 = Routinedienst-leistung, Büro- und Verwaltungsberufe 5 = untere Dienstklasse 6 = obere Dienstklasse	Elternfragebogen; 16a, b
erzieherische Haltung zum Thema Lesen	Wichtigkeit von Lesen zu Hause	1 = stimme gar nicht zu 2 = stimme eher nicht zu 3 = stimme eher zu 4 = stimme zu	Elternfragebogen; 11e

Quelle: Eigene Darstellung

Die *Kosten* familialer Lesesozialisation belaufen sich auf direkte und indirekte Kosten (vgl. 4.1.2). Entscheidend für die Einschätzung der Kosten ist nach Beckers Humankapitaltheorie jedoch das Einkommen. Bei Konstanthaltung der Kosten werden die Aufwendungen der Eltern umso geringer eingeschätzt, je höher das Einkommen ist. Zur Erfassung der Einkünfte wurde die Höhe des Familieneinkommens (brutto) herangezogen. Einnahmen von 120 000 DM[56] oder mehr wurden als „1", von 100 000 DM bis 119 999 DM als „2", von 80 000 DM bis 99 999 DM als „3", von 60 000 DM bis 79 999 DM als „4" und von 40 000 DM bis 59 999 DM als „5" codiert. Für Einkommen von unter 40 000 DM wurde die Ausprägung „6" festgesetzt.

---

[56] Die Studie wurde noch vor der EURO-Umstellung durchgeführt. Daher ist noch die DM-Währung angegeben.

Die *soziale Klassenlage* wurde mit den Klassenkategorien von Erikson, Goldthorpe und Portocarero (1979) erfasst. Hier wird der Beruf unter der implizierten Annahme klassifiziert, dass die Verortung einer Person im sozialen Gefüge einer arbeitsteiligen Gesellschaft vor allem durch die spezifische Erwerbstätigkeit bedingt sei (Mayer 1979: 81). Dieser Argumentation liegt der enge Zusammenhang zwischen Bildung bzw. Einkommen und der beruflichen Position zugrunde. D. h. jeder Beruf ist an ein bestimmtes Bildungsniveau geknüpft und mit einer durchschnittlichen Höhe an Erwerbseinkommen verbunden (Hoffmeyer-Zlotnik 2003: 115-116). Bourdieus Klassenbegriff, der durch das Verhältnis zu den gesellschaftlichen Produktionsmitteln und die Beziehung der Klassen untereinander gekennzeichnet ist, wird in den Klassenkategorien von Erikson, Goldthorpe und Portocarero in hohem Maße abgebildet.

Die Bildung der Klassenkategorien wurde zuerst separat für Mütter und Väter realisiert. In der Analyse wird derjenige Elternteil berücksichtigt, welcher eine höhere Klassenkategorie aufweist. Dieser Codierung liegt folgende Annahme zugrunde: Die soziale Klassenlage der Familie und somit der Umfang von Bourdieus Kapitalarten sei durch den Elternteil definiert, welcher, aufgrund seines Berufs, sich in der höheren sozialen Klasse befindet.

Bei der niedrigsten Klassenkategorie „un- und angelernte Arbeiter und Landarbeiter" wird „1" festgelegt, bei „Facharbeiter und Angestellte in manuellen Berufen" wird „2", bei „Selbstständige" „3", bei „Routinedienstleistung, Büro- und Verwaltungsberufe" „4", „untere Dienstklasse[57]" „5" und bei „obere Dienstklasse[58]" „6" bestimmt.[59]

Die *erzieherische Haltung zum Thema Lesen* wurde durch den Indikator „Wichtigkeit von Lesen zu Hause" aus Sicht der Erziehungsberechtigten gemessen. Stimmen die Eltern der Aussage „Wichtigkeit von Lesen zu Hause" gar nicht zu, wurde „1" codiert, bei „stimme eher nicht zu" „2", bei „stimme eher zu" „3" und bei „stimme zu" „4".

Nach der Operationalisierung der Erklärungsvariablen der familialen Lesesozialisation folgt nun die Beschreibung der Operationalisierung der familialen Lesesozialisation (siehe Tabelle 4).

---

[57] Unter unterer Dienstklasse wird der Beruf „Techniker oder ein gleichrangiger nicht technischer Beruf" gefasst.

[58] Unter oberer Dienstklasse werden Berufe wie „Leiter eines großen Unternehmens oder leitender Bediensteter" oder „Wissenschaftler oder ein verwandter Beruf" verstanden.

[59] Es wurde bewusst darauf verzichtet, eine Ausprägung „nicht erwerbstätig" zu bilden, da nicht davon auszugehen ist, dass die Einordnung einer Person in diese Kategorie alleine eine Aussage darüber gibt, welcher sozialen Klasse jemand angehört.

Familiale Lesesozialisation wird in ihren verschiedenen Bereichen abgebildet. In Anlehnung an die Studie „Leseklima in der Familie" von Hurrelmann et al. (vgl. Kapitel 3) wird das Konstrukt der familialen Lesesozialisation nach folgenden Faktoren differenziert: „Soziale Einbindung", „Leseverhalten der Eltern" und „Gespräche sowie prä- und paraliterarische Kommunikation". Anschließend wird die Operationalisierung der audiovisuellen Medien bzw. Computermedien beschrieben.

Die soziale Einbindung bemisst sich in der vorliegenden Arbeit über die Häufigkeit von gemeinsamen (Eltern und Kind) Bücherei- bzw. Buchhandlungsbesuchen vor Schuleintritt aus Elternsicht. Wurde eine Bücherei oder Buchhandlung nie oder fast nie besucht, wurde dies als „1" codiert, ein- oder zweimalige Besuche pro Monat wurden als „2" und der Besuch ein- oder zweimal pro Woche wurde als „3" erfasst. Tägliche oder fast tägliche Aufenthalte in einer Bücherei bzw. Buchhandlung wurden mit der Ausprägung „4" codiert.

Das Leseverhalten der Eltern wurde durch die Lesegewohnheit der Eltern erfasst. Hier wurden die Eltern selbst befragt. Lesen die Eltern weniger als eine Stunde pro Woche, wurde die Ausprägung „1" festgelegt. Wird sich den Printmedien 1 bis 5 Stunden bzw. 6 bis 10 Stunden pro Woche gewidmet, wurde „2" bzw. „3" codiert. Eine Lesegewohnheit von mehr als 10 Stunden pro Woche wurde mit „4" festgesetzt.

Das Konstrukt „Gespräche sowie prä- und paraliterarische Kommunikation" wurde in Kapitel 7.4.1 beschrieben.

Tabelle 4: Operationalisierung der familialen Lesesozialisation

Konstrukt	Indikatoren	Definition	Erhebungs-instrument; Frage im Fragebogen
soziale Einbindung	Bücherei- bzw. Buchhandlungs-besuche	1 = nie oder fast nie 2 = ein oder zweimal pro Monat 3 = ein oder zweimal pro Woche 4 = jeden oder fast jeden Tag	Elternfragebogen; 6f
Leseverhalten der Eltern	Lesegewohnheit der Eltern	1 = weniger als eine Stunde pro Woche 2 = 1-5 Stunden pro Woche 3 = 6-10 Stunden pro Woche 4 = mehr als 10 Stunden pro Woche	Elternfragebogen; 9
Gespräche sowie prä- und paraliterarischer Kommunikation	- Bücher lesen - Geschichten erzählen - Lieder singen - Mit Alphabet-Spielzeug spielen - Wortspiele spielen - Über Gelesenes gemeinsam sprechen	1 = nie bzw. fast nie 2 = manchmal 3 = oft	Elternfragebogen; 2a, 2b, 2c, 2d, 2f, 2k
audiovisuelle Medien	Fernsehprogramme sehen, die Lesen lehren	1 = nie bzw. fast nie 2 = manchmal 3 = oft	Elternfragebogen; 2i
Computermedien	Lesetätigkeiten am Computer durchführen	1 = nie bzw. fast nie 2 = manchmal 3 = oft	Elternfragebogen; 2e

Quelle: Eigene Darstellung

Wie in Kapitel 2.1 verdeutlicht wurde, bezieht familiale Lesesozialisation über das Buch hinaus auch andere Medien zur Aneignung von Lesefähigkeit mit ein. Unter anderem umfasst familiale Lesesozialisation nach Hurrelmann (1999) audiovisuelle Medien bzw. Computermedien. Die Operationalisierung der familialen Lesesozialisation sollte daher den Einsatz verschiedener Medien einbeziehen. Daher wird neben den erwähnten buchrelevanten Konstrukten auch der Einsatz von audiovisuellen Medien bzw. Computermedien erfasst.

Die audiovisuellen Medien wurden über den gemeinsamen (Eltern und Kind) Konsum von Fernsehprogrammen, die Lesen lehren, vor Schuleintritt gemessen. Diese Angaben basieren auf Aussagen der Eltern. Die Häufigkeit dieser Aktivität wurde für die Ausprägung „1" als nie bzw. fast nie, bei „2" als manchmal und bei „3" als oft festgelegt.

Zur Operationalisierung der Computermedien wurde auf die gemeinsame (Eltern und Kind) Durchführung von Lesetätigkeiten am Computer zurückgegriffen. Hier sollten die Erziehungsberechtigten einschätzen, wie häufig dieser Bereich der familialen Lesesozialisation vor Schuleintritt erfolgte. Praktizierte man diese Tätigkeit nie bzw. fast nie, wurde die Ausprägung „1" vergeben, wurde mit dem Kind am Computer manchmal bzw. oft gelesen, wurde das als „2" bzw. „3" codiert.

7.4.3 Kontrollvariablen

In diesem Abschnitt wird die Operationalisierung der Kontrollvariablen „Geschlecht", „Geschwisteranzahl", „Alter" und „Migrationshintergrund" dargestellt.[60] Die Operationalisierung der Kontrollvariablen der Lesekompetenz ist in Tabelle 5 zusammengefasst.

Im Kinderfragebogen wurde unter anderem nach dem *Geschlecht* des Auszufüllenden gefragt. Diese Merkmalsausprägung dient als Indikator des Geschlechts. Füllte ein Junge diesen Fragebogen aus, wurde „0", bei einem Mädchen „1" codiert.

Die *Geschwisteranzahl* ist messbar anhand der Kinderanzahl, die in einem Haushalt lebt. Nach diesem Indikator wurde im Kinderfragebogen gefragt. Wohnt ein Kind im Haushalt, handelt es sich um die Ausprägung „1", bei 2 Kindern um „2", bei 3 Kindern um „3", bei 4 Kindern um „4", bei 5 Kindern um „5", bei 6 Kindern um „6", bei 7 Kindern um „7", bei 8 Kindern um „8", bei 9 Kindern um „9", bei 10 Kindern um „10" und bei mehr als 10 Kindern um „11".

Das *Alter* wurde mit dem Geburtsjahr des Kindes erfasst, das Kind selbst gab das Jahr der Geburt an. Wurde das Kind 1995 geboren, wurde „1" codiert, „2" für das Geburtsjahr 1994, „3" für das Jahr 1993, „4" für das Jahr 1992 , „5" für das Jahr 1991 , „6" für das Jahr 1990 , „7" für das Jahr 1989 und „8" bei Geburt im Jahr 1988.

Zur Operationalisierung des *Migrationshintergrundes* wurde in Orientierung an der IGLU- bzw. PISA-Analyse (vgl. Kapitel 5) auf die Fragen nach dem Geburtsort der Eltern zurück-

---

[60] An dieser Stelle wäre auch die Kontrollvariable der Region zu nennen. Aus datenschutzrechtlichen Gründen weist der hier verwendete Datensatz jedoch keine Informationen in Bezug auf die Region auf. Daher kann die Region nicht in die folgende Analyse einbezogen werden.

gegriffen. Hier wurden die Kinder gefragt, ob der Vater bzw. die Mutter in Deutschland geboren wurde. Da der Indikator des Migrationshintergrundes sowohl den Vater als auch die Mutter einbeziehen sollte, wurden die Fragen zu dem jeweiligen Elternteil miteinander verknüpft. Die neue Variable erhielt folgende Ausprägungen: Wenn beide Elternteile in Deutschland geboren wurden, codierte ich „1". Kam ein bzw. kein Elternteil in Deutschland auf die Welt, wurde „2" bzw. „3" festgesetzt.

Tabelle 5: Operationalisierung der Kontrollvariablen der Lesekompetenz

Konstrukt	Indikatoren	Definition	Erhebungs-instrument; Frage im Fragebogen
Geschlecht	Geschlecht	0 = männlich 1 = weiblich	Kinderfragebogen; 1
Geschwister-anzahl	Kinderanzahl	1=1; 2=2; 3=3; 4=4; 5=5; 6=6; 7=7; 8=8; 9=9; 10=10; 11>10	Kinderfragebogen; 22
Alter	Geburtsjahr	1 = 1995; 2 = 1994; 3 = 1993; 4 = 1992; 5 = 1991; 6 = 1990; 7 = 1989; 8 = 1988	Kinderfragebogen; 2
Migrations-hintergrund	Geburt der Eltern in Deutschland	1 = beide Elternteile 2 = ein Elternteil 3 = kein Elternteile	Kinderfragebogen; 24, 25

Quelle: Eigene Darstellung

8 Ergebnisse der empirischen Analysen

In diesem Kapitel werden die aufgestellten Hypothesen anhand bivariater und multivariater Analysen überprüft. Zuallererst erfolgt die Beschreibung der abhängigen, unabhängigen und der Kontrollvariablen.

8.1 Univariate Analyse

Die Darstellung der univariaten Analyse erfolgt in derselben Reihenfolge wie die Operationalisierung. Zunächst werden die beiden abhängigen Variablen deskriptiv untersucht. Anschließend wird die univariate Analyse der unabhängigen Variablen vorgestellt. Zum Schluss werden die Kontrollvariablen beschrieben.

Die *familiale Lesesozialisation* kann nach dem Histogramm als annähernd normalverteilt beschrieben werden (siehe Abbildung 8). Darüber hinaus ist festzustellen, dass die Werte zwischen 6 und 18 liegen. Der Mittelwert befindet sich bei 13,3 bei einer Standardabweichung von 2,4.

Abbildung 8: Histogramm „familiale Lesesozialisation"

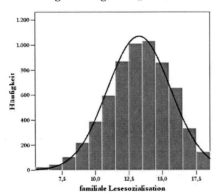

N = 6314
fehlend = 1340
Mittelwert = 13,3
Standardabweichung = 2,4
Minimum = 6,0
Maximum = 18,0

Quelle: Eigene Darstellung

Wie in Kapitel 7.4.1 aufgeführt wurde, wird die familiale Lesesozialisation durch einen Summenindex abgebildet. Die Homogenität der Indexskala zeigt sich nicht nur an Cronbachs α-Wert (vgl. auch Kapitel 7.4.1), sondern auch an dem Median[61] der verschiedenen Einzelindikatoren. Wie in Tabelle 6 ersichtlich ist, weisen die Variablen, welche zum Index aufaddiert werden, bis auf „Bücher lesen" einen Median von 2 auf. Der Median von „Bücher lesen" ist 3.

Somit bestätigt die Beobachtung des Medians eine mäßige Homogenität der Skala. Darüber hinaus zeigte sich, dass „Bücher lesen" von diesen fünf Variablen der familialen Lesesozialisation am häufigsten von Eltern ausgeübt wurde.

Tabelle 6: Median der Indikatoren „familiale Lesesozialisation"

		Bücher lesen	Ge-schichten erzählen	Lieder singen	mit Alphabet-Spielzeug spielen	Wortspiele spielen	über Gelesenes gemeinsam sprechen
N	gültig	6581	6596	6569	6550	6513	6572
	fehlend	1073	1058	1085	1104	1141	1082
Median		3	2	2	2	2	2

Quelle: Eigene Darstellung

Auch die abhängige Variable der *Lesekompetenz* ist anhand eines Histogramms (siehe Abbildung 9) als annähernd normalverteilt zu betrachten. Bei einem kleinsten Wert von 100,846 und einem größten von 180,259 ist der Mittelwert bei 149,5 mit einer geringen Standardabweichung von 9,3 zu beobachten.

---

[61] Ein Median wird bei ordinalskalierten Variablen berechnet und gibt den Skalenwert an, der genau in der Mitte der Verteilung liegt. D. h., 50 Prozent einer Verteilung liegen unter diesem Skalenwert und 50 Prozent darüber (Diekmann 1999: 252).

Abbildung 9: Histogramm „Lesekompetenz"

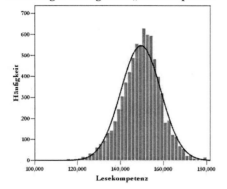

N = 7633
fehlend = 21
Mittelwert = 149,5
Standardabweichung = 9,3
Minimum = 100,846
Maximum = 180,259

Quelle: Eigene Darstellung

Im Folgenden werden die Erklärungsfaktoren der familialen Lesesozialisation beschrieben: Zur Darstellung der *Bildung* bietet sich ein Kreisdiagramm an (siehe Abbildung 10). Hier zeigt sich, dass bei fast der Hälfte der Elternpaare mindestens ein Elternteil Abitur aufweist. Darüber hinaus besitzen ca. 20 Prozent der Familien die Mittlere Reife als höchsten elterlichen Schulabschluss. Außerdem fällt der große Anteil von „Volksschule mit Lehre" auf: Bei fast 20 Prozent der Elternpaare stellt der höchste Bildungsabschluss von Vater oder Mutter die Volksschule mit einer Lehre dar. Ferner erreichten bei ca. 10 Prozent der Familien die Eltern als höchsten Abschluss die Fach-/Technikerschule. Bezogen auf die Volksschule lassen sich rund 8 Prozent aufweisen. In einem Prozent der Fälle besitzen Vater und Mutter keinen Abschluss.

Abbildung 10: Kreisdiagramm „Bildung"

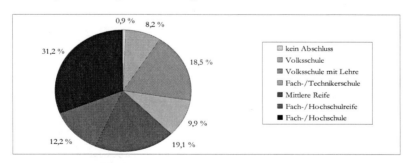

Quelle: Eigene Darstellung

Werden die Ausfälle in die Häufigkeitsverteilung mit einbezogen, so zeigt sich folgendes Bild (siehe Tabelle 7): Bei 1 Prozent der Eltern entschieden sich entweder der Vater oder die Mutter für die Antwortkategorie „nichts trifft zu", welche nicht in die Auswertung eingehen kann, da sie nicht zuzuordnen ist. Bei ca. 45 Prozent der Erziehungsberechtigten fehlt entweder die Angabe des Vaters, der Mutter oder von beiden. Ein Grund für die hohe Anzahl an fehlenden Werten könnte die Befragung von allein erziehenden Personen sein, die die Bildung des leiblichen Vaters bzw. der leiblichen Mutter nicht angeben möchten.

Tabelle 7: Häufigkeitsverteilung „Bildung"

	absolute Häufigkeit	relative Häufigkeit	gültige relative Häufigkeit	kumulierte relative Häufigkeit
kein Abschluss	38	0,5	0,9	0,9
Volksschule	337	4,4	8,2	9,1
Volksschule mit Lehre	761	9,9	18,5	27,6
Fach-/Technikerschule	407	5,3	9,9	37,5
Mittlere Reife	786	10,3	19,1	56,6
Fach-/Hochschulreife	501	6,5	12,2	68,8
Fach-/Hochschule	1284	16,8	31,2	100,0
Gesamt	**4114**	**53,7**	**100,0**	
nichts trifft zu	75	1,0		
fehlend	3465	45,3		
Gesamt	**3540**	**46,3**		
Gesamt	7654	100,0		

Quelle: Eigene Darstellung

Wie in Kapitel 7.4.2 aufgezeigt wurden die *Kosten* durch das Haushaltseinkommen (brutto) operationalisiert. Bei Betrachtung des Histogramms (siehe Abbildung 11) ist zu erkennen, dass die Verteilung der Häufigkeit nicht normalverteilt ist. Die Häufigkeiten der ersten drei Kategorien sind geringer als die Häufigkeiten der Kategorien 4, 5 und 6. Damit befinden sich in der Stichprobe in hohem Maße Familien, deren Brutto-Haushaltseinkommen unter 80 000 DM liegt. Dieses Ergebnis zeigt sich auch am Median, der bei der Kategorie 4 liegt. Somit befinden sich 50 Prozent der Verteilung unter 60 000 DM bis 79 999 DM und 50 Prozent darüber.

Darüber hinaus fällt die hohe Anzahl von fehlenden Werten auf. 2037 Erziehungsberechtigte antworteten auf die Frage nach dem Haushaltseinkommen nicht. Dieser hohe Wert könnte auf das „sensible" Thema der Frage zurückzuführen sein. Allgemein geben Befragte ungern Auskunft über ihr Einkommen.

Abbildung 11: Histogramm „Kosten"

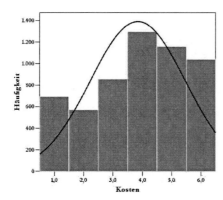

N = 5617
fehlend = 2037
Median = 4

Quelle: Eigene Darstellung

Die Verteilung der *sozialen Klassenlage* lässt sich gut anhand eines Kreisdiagramms beschreiben (siehe Abbildung 12). Ca. 50 Prozent der befragten Familien stammen aus der EGP-Klasse „Routinedienstleistung, Büro- und Verwaltungsberufe". Rund 23 Prozent der Befragten befinden sich in der oberen Dienstklasse. Facharbeiter und Angestellte in manuellen Berufen machen fast 11 Prozent der Befragten aus. Ebenfalls ca. 11 Prozent der Familien befinden sich in der unteren Dienstklasse und etwa 5 Prozent der Familien lassen sich den Selbstständigen zuordnen. Die geringste Häufigkeit weist die Kategorie „un- und angelernte Arbeiter, Landarbeiter" auf. Rund 1 Prozent der Befragten sind dieser Ausprägung zuzuordnen.

Abbildung 12: Kreisdiagramm „soziale Klassenlage"

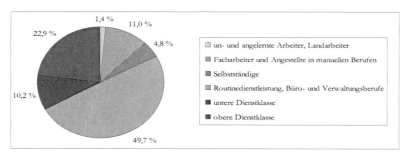

Quelle: Eigene Darstellung

Wird die Häufigkeitsverteilung der sozialen Klassenlage unter Berücksichtigung der Ausfälle betrachtet, so ist Folgendes festzustellen (siehe Tabelle 8): Die Ausfallquote liegt bei ca. 44 Prozent. Darüber hinaus gaben 1347 der Befragten „nichts trifft zu" an. Dieses Antwortverhalten könnte darauf hinweisen, dass entweder Kategorien nicht berücksichtigt wurden oder die Kategorien in der Angabe nicht ausführlich genug beschrieben wurden und somit den Befragten die Einordnung schwer fiel.

Tabelle 8: Häufigkeitsverteilung „soziale Klassenlage"

	absolute Häufigkeit	relative Häufigkeit	gültige relative Häufigkeit	kumulierte relative Häufigkeit
un- und angelernte Arbeiter, Landarbeiter	60	0,8	1,4	1,4
Facharbeiter und Angestellte in manuellen Berufen	473	6,2	11,0	12,4
Selbständige	207	2,7	4,8	17,2
Routinedienstleistung, Büro- und Verwaltungsberufe	2138	27,9	49,7	66,9
untere Dienstklasse	438	5,7	10,2	77,1
obere Dienstklasse	987	12,9	22,9	100,0
Gesamt	**4303**	**56,2**	**100,0**	
niemals gearbeitet	2	0,0		
nichts trifft zu	1347	17,6		
fehlend	2002	26,2		
Gesamt	**3351**	**43,8**		
Gesamt	7654	100,0		

Quelle: Eigene Darstellung

Die *erzieherische Haltung zum Thema Lesen* lässt sich folgendermaßen beschreiben: Der Median dieses Konstrukts ist 3. Das bedeutet, die Antwort „stimme eher zu" auf die Frage, wie wichtig Lesen zu Hause ist, liegt genau in der Mitte der Verteilung. Dieses Ergebnis bestätigt sich bei Betrachtung der Häufigkeitsverteilung in Tabelle 9. Hier zeigt sich, dass ca. 70 Prozent der Eltern der Aussage „Wichtigkeit von Lesen zu Hause" eher zustimmen bzw. zustimmen. Dagegen stimmen ca. 29 Prozent der Erziehungsberechtigten eher nicht bzw. nicht zu.

Tabelle 9: Häufigkeitsverteilung „erzieherische Haltung zum Thema Lesen"

	absolute Häufigkeit	relative Häufigkeit	gültige relative Häufigkeit	kumulierte relative Häufigkeit
stimme gar nicht zu	603	7,9	9,4	9,4
stimme eher nicht zu	1243	16,2	19,3	28,7
stimme eher zu	1935	25,3	30,0	58,7
stimme zu	2660	34,8	41,3	100,0
Gesamt	**6441**	**84,2**	**100,0**	
keine Antwort	340	4,4		
fehlend	873	11,4		
Gesamt	**1213**	**15,8**		
Gesamt	7654	100,0		

Quelle: Eigene Darstellung

Im Folgenden werden die Erklärungsfaktoren der Lesekompetenz beschrieben: *Familiale Lesesozialisation* wird als unabhängige Variable durch fünf Konstrukte abgebildet. Jedes Konstrukt gibt einen bestimmten Bereich der familialen Lesesozialisation wieder. Bei der Beschreibung der jeweiligen Bereiche ist es im Besonderen interessant, die verschiedenen Lagemaße bzw. Häufigkeitsverteilungen zu vergleichen. Diese Gegenüberstellung gibt Aufschluss über das Ausmaß der elterlichen Ausübung und zeigt eventuell eine Tendenz auf, welcher Bereich familialer Lesesozialisation am häufigsten praktiziert wird. Der Median der *sozialen Einbindung* weist den Wert 2 auf. D. h., der „ein- oder zweimalige Besuch" einer Bücherei bzw. Buchhandlung pro Monat halbiert die Verteilung. Wird die kumulierte relative Häufigkeit der Ausprägungen betrachtet, so zeigt sich ferner, dass 88,8 Prozent der Befragten entweder „nie oder fast nie" bzw. „ein- oder zweimal pro Monat" einen Bücherei- bzw. Buchhandlungsbesuch unternehmen (siehe Tabelle 10). 11,2 Prozent der Eltern besuchen „ein- oder zweimal pro Woche" bzw. „jeden oder fast jeden Tag" eine

Bücherei bzw. Buchhandlung.

Tabelle 10: Häufigkeitsverteilung „soziale Einbindung"

	absolute Häufigkeit	relative Häufigkeit	gültige relative Häufigkeit	kumulierte relative Häufigkeit
nie oder fast nie	2543	33,2	38,6	38,6
ein oder zweimal pro Monat	3305	43,2	50,2	88,8
ein oder zweimal pro Woche	629	8,2	9,5	98,3
jeden oder fast jeden Tag	110	1,4	1,7	100,0
Gesamt	**6587**	**86,1**	**100,0**	
keine Antwort	194	2,5		
fehlend	873	11,4		
Gesamt	**1067**	**13,9**		
Gesamt	7654	100,0		

Quelle: Eigene Darstellung

Für das *Leseverhalten der Eltern* wurde ein Median von 2 berechnet. Danach befindet sich die Grenze zwischen zwei gleich großen Hälften der Verteilung bei einer Lesegewohnheit der Eltern von 1-5 Stunden pro Woche. Die kumulierte relative Häufigkeit bestätigt dieses Ergebnis (siehe Tabelle 11). Ca. 50 Prozent der Erziehungsberechtigten lesen „weniger als eine Stunde pro Woche" bzw. „1-5 Stunden pro Woche". Die anderen ca. 50 Prozent der Eltern widmen sich dem Lesen „6-10 Stunden pro Woche" bzw. „mehr als 10 Stunden pro Woche".

Verglichen mit der hohen erzieherischen Haltung hinsichtlich Lesen (siehe Tabelle 9) fällt die Häufigkeit des Leseverhaltens der Eltern relativ gering aus. Zwischen Einstellung und Verhalten gegenüber Lesen scheint ein Unterschied zu bestehen.

Tabelle 11: Häufigkeitsverteilung „Leseverhalten der Eltern"

	absolute Häufigkeit	relative Häufigkeit	gültige relative Häufigkeit	kumulierte relative Häufigkeit
weniger als eine Stunde pro Woche	562	7,3	8,5	8,5
1 - 5 Stunden pro Woche	2730	35,7	41,1	49,6
6 - 10 Stunden pro Woche	2055	26,8	30,9	80,5
mehr als 10 Stunden pro Woche	1295	16,9	19,5	100,0
Gesamt	**6642**	**86,8**	**100,0**	
keine Antwort	139	1,8		
fehlend	873	11,4		
Gesamt	**1012**	**13,2**		
Gesamt	7654	100,0		

Quelle: Eigene Darstellung

Auf *Gespräche sowie prä- und paraliterarische Kommunikation* wurde schon ausführlich an früherer Stelle dieses Abschnittes eingegangen (vgl. univariate Analyse: familiale Lesesozialisation).

Wird die familiale Lesesozialisation hinsichtlich des Einsatzes von *audiovisuellen Medien bzw. Computermedien* betrachtet, so zeigt sich Folgendes: Während „audiovisuelle Medien" einen Median von 2 kennzeichnet, zeigt „Computermedien" einen Median von 1. Hieraus ist zu schließen, dass audiovisuelle Medien in häufigerem Maße in die familiale Lesesozialisation einbezogen werden als Computermedien. Anhand der kumulierten relativen Häufigkeitsverteilung dieser beiden Konstrukte in Tabelle 12 bestätigt sich dieser Verteilungsunterschied. Während 78,8 Prozent der Erziehungsberechtigten audiovisuelle Medien manchmal bzw. oft einsetzen, werden Computermedien von 18,6 Prozent manchmal bzw. oft in die familiale Lesesozialisation einbezogen.

Tabelle 12: Häufigkeitsverteilung „audiovisuelle Medien" und „Computermedien"

	audiovisuelle Medien				Computermedien			
	absolute Häufig-keit	relative Häufig-keit	gültige relative Häufig-keit	kum-ulierte relative Häufig-keit	absolute Häufig-keit	relative Häufig-keit	gültige relative Häufig-keit	kum-ulierte relative Häufig-keit
nie bzw. fast nie	1391	18,2	21,2	21,2	5296	69,2	81,4	81,4
manchmal	3048	39,8	46,4	67,6	972	12,7	14,9	96,3
oft	2123	27,7	32,4	100,0	242	3,2	3,7	100,0
Gesamt	**6562**	**85,7**	**100,0**		**6510**	**85,1**	**100,0**	
keine Antwort	219	2,9			271	3,5		
fehlend	873	11,4			873	11,4		
Gesamt	**1092**	**14,3**			**1144**	**14,9**		
Gesamt	7654	100,0			7654	100,0		

Quelle: Eigene Darstellung

Zuletzt sei noch kurz auf die Kontrollvariablen eingegangen.

Zur Beschreibung der Kontrollvariablen wurden verschiedene Lagemaße abhängig von dem Skalenniveau der Variable berechnet (siehe Tabelle 13). Für eine nominalskalierte Variable wie „Geschlecht" wurde der Modalwert ermittelt, für eine ordinalskalierte Variable wie „Migrationshintergrund" der Median. Für die intervallskalierten Variablen „Geschwisterkarten" und „Alter" wurden der Mittelwert und die Standardabweichung errechnet.

Der Modalwert des *Geschlechts* weist eine 0 auf. Damit befinden sich mehr Jungen als Mädchen in der Stichprobe.

Der Mittelwert der *Geschwisteranzahl* weist eine 2,3 auf. Somit liegt die durchschnittliche Kinderanzahl bei 2 Kindern. Die Standardabweichung beträgt 1,2.

Für das *Alter* wird ein Mittelwert von 5,7 berechnet. Das bedeutet, im Durchschnitt sind die Kinder 1990 geboren. Die Standardabweichung ist 0,6.

Der *Migrationshintergrund* wird mit einem Median von 1 gekennzeichnet. Dieses Ergebnis weist darauf hin, dass rund 50 Prozent der Kinder keinen Migrationshintergrund besitzen.

Tabelle 13: Lagemaße der Kontrollvariablen

		Geschlecht	Geschwister-anzahl	Alter	Migrations-hintergrund
N	gültig	7513	6911	7514	6646
	fehlend	141	743	140	1008
Mittelwert		-	2,3	5,7	-
Standard-abweichung		-	1,2	0,6	-
Median		-	-	-	1
Modalwert		0	-	-	-

Quelle: Eigene Darstellung

8.2 Bivariate Analyse

In diesem Kapitel werden die aufgestellten Hypothesen einer bivariaten Analyse unterzogen. Das bedeutet, es werden die Zusammenhänge zwischen einer unabhängigen Variable und einer abhängigen Variable getestet. Wie in Kapitel 7.3 dargestellt wird abhängig von dem Skalenniveau der unabhängigen bzw. abhängigen Variable entweder der Rangkorrelationskoeffizient nach Spearman oder die Produkt-Moment-Korrelation nach Pearson angewendet.

Der Aufbau dieses Kapitels stellt sich wie folgt dar: Zunächst werden die Korrelationen in Bezug auf die familiale Lesesozialisation untersucht. Im Anschluss daran werden die Zusammenhänge der jeweiligen unabhängigen Variablen auf die Lesekompetenz unter Einbezug von Kontrollvariablen analysiert.

8.2.1 Korrelationen mit der abhängigen Variable „familiale Lesesozialisation"

Die Hypothesen 2, 3, 4 und 5 enthalten die *familiale Lesesozialisation* als abhängige Variable. Die unabhängigen Variablen stellen dort die Bildung, die Kosten, die soziale Klassenlage und die erzieherische Haltung zum Thema Lesen dar. Da alle vier unabhängigen Variablen jeweils ein ordinales Skalenniveau aufweisen, wird jeweils der Rangkorrelationskoeffizient nach Spearman berechnet.[62]

Die Ergebnisse sind in Tabelle 14 aufgelistet. Für alle vier Variablen lässt sich jeweils ein

---

[62] Ist entweder die unabhängige Variable oder die abhängige Variable ordinalskaliert, berechnet man den Rangkorrelationskoeffizienten nach Spearman (Bühl/Zöfel 2002: 318).

hoch signifikanter Zusammenhang in Bezug auf die Ausübung familialer Lesesozialisation beschreiben. Während „Bildung", „soziale Klassenlage" und „erzieherische Haltung zum Thema Lesen" jeweils positiv mit „familiale Lesesozialisation" korrelieren, weist die Korrelation der Variable „Kosten" mit „familiale Lesesozialisation" einen negativen Zusammenhang auf. Der Korrelationskoeffizient der Bildung ist 0,132. Die Variable der Kosten weist einen Wert von -0,103 auf. Der Zusammenhang zwischen „sozialer Klassenlage" und „familiale Lesesozialisation" beträgt 0,126 und der Korrelationskoeffizient der Variable „erzieherische Haltung zum Thema Lesen" 0,298. Die Stärke der Zusammenhänge ist als nicht besonders hoch einzuschätzen. Die jeweiligen Korrelationen zwischen „Bildung", „Kosten", „soziale Klassenlage" und „familiale Lesesozialisation" können als sehr gering bezeichnet werden (Bühl/Zöfel 2002: 318). Der Zusammenhang zwischen „erzieherische Haltung zum Thema Lesen" und „familiale Lesesozialisation" ist gering.

Tabelle 14: Einfluss der jeweiligen unabhängigen Variable auf die familiale Lesesozialisation nach Spearman

	abhängige Variable
unabhängige Variablen	familiale Lesesozialisation
Bildung	0,132*** (3900)
Kosten	-0,103*** (5318)
soziale Klassenlage	0,126*** (4115)
erzieherische Haltung zum Thema Lesen	0,298*** (6124)

*** p< 0,001; ** p< 0,01; * p< 0,05; Anzahl der Fälle in Klammern
Quelle: Eigene Darstellung

8.2.2 Korrelationen mit der abhängigen Variable „Lesekompetenz"

Die Hypothese 1 formuliert einen Zusammenhang zwischen familialer Lesesozialisation und *Lesekompetenz*.

Der Zusammenhang zwischen den verschiedenen Indikatoren der familialen Lesesozialisation und der Lesekompetenz wird abhängig vom Skalenniveau mit zwei verschiedenen Korrelationsmaßen berechnet. Die Korrelationskoeffizienten der Variablen „soziale Einbindung", „Leseverhalten der Eltern", „audiovisuelle Medien" bzw. „Computermedien" werden aufgrund der Ordinalskalierung anhand des Rangkorrelationskoeffizienten nach Spearman bestimmt. Die Variablen „Gespräche sowie prä- und paraliterarische Kommunikation" und „Lesekompetenz" sind intervallskaliert. Daher wird der Korrelationskoeffizient anhand der Produkt-Moment-Korrelation nach Pearson ermittelt.

Über die Berechnung der bivariaten Zusammenhänge hinaus wurden die Korrelationskoeffizienten auf Drittvariableneinflüsse kontrolliert. Da Variablen mit einer überschaubaren Anzahl von Ausprägungen besser zu interpretieren sind, wurden die Kontrollvariablen „Geschlecht" und „Migrationshintergrund" einbezogen. Eine Möglichkeit, eine Drittvariablenkontrolle bei Korrelationen nach Spearman und Pearson durchzuführen, bietet die differenziertere Analyse des Zusammenhangs zweier Variablen unter Einbezug einer dritten Variable. Für die vorliegende Analyse bedeutet das Folgendes: Zunächst wird der Zusammenhang zwischen „familiale Lesesozialisation" und „Lesekompetenz" berechnet und in einem nächsten Schritt wird der Zusammenhang zwischen „familiale Lesesozialisation" und „Lesekompetenz" von Jungen bzw. Mädchen ermittelt. Verändert sich die Stärke des Korrelationskoeffizienten in der differenzierten Analyse, so kann von einem Drittvariableneffekt des Geschlechtes ausgegangen werden. In derselben Weise kann auch der Zusammenhang zwischen „familiale Lesesozialisation" und „Lesekompetenz" in Bezug auf den Migrationshintergrund kontrolliert werden.

In Tabelle 15a und 15b sind die Ergebnisse der bivariaten Analyse unter Einbezug der Drittvariablenkontrolle dargestellt.

Zunächst sei auf Tabelle 15a eingegangen. Die verschiedenen Indikatoren der familialen Lesesozialisation weisen jeweils einen zum 0,1-Prozent-Niveau signifikanten Zusammenhang bezüglich der Lesekompetenz auf. Die Korrelationskoeffizienten der Variablen „soziale Einbindung", „Gespräche sowie prä- und paraliterarische Kommunikation" und „Leseverhalten der Eltern" sind positiv. Daher ist von einem jeweiligen positiven Zusammenhang auszugehen. Die Korrelationskoeffizienten der Variablen „audiovisuelle Medien" bzw. „Computermedien" stellen sich als negativ dar. Somit lässt sich der jeweilige Zusammenhang zwischen „audiovisuelle Medien" bzw. „Computermedien" und „Lesekompetenz" als negativ beschreiben.

Die Stärke der Korrelationen (dem Betrag nach) reicht von 0,054 für „audiovisuelle Medien" bis 0,171 für „Gespräche sowie prä- und paraliterarische Kommunikation". Es handelt sich hierbei um sehr geringe Korrelationen.

Tabelle 15a: Einfluss der jeweiligen unabhängigen Variable auf die Lesekompetenz nach Spearman bzw. Pearson, kontrolliert nach dem Geschlecht

unabhängige Variable	Abhängige Variable		
	Lesekompetenz		
	Gesamt	Geschlecht	
		männlich	weiblich
soziale Einbindung	0,162*** (6587)	0,137*** (3274)	0,173*** (3248)
Leseverhalten der Eltern	0,167*** (6642)	0,169*** (3293)	0,162*** (3285)
Gespräche sowie prä- und paraliterarischer Kommunikation	0,171*** (6314)	0,184*** (3136)	0,146*** (3115)
audiovisuelle Medien	-0,054*** (6562)	-0,048** (3265)	-0,072*** (3232)
Computermedien	-0,059*** (6510)	-0,063*** (3237)	-0,056** (3210)

*** p<0,001; ** p< 0,01; * p< 0,05; Anzahl der Fälle in Klammern

Quelle: Eigene Darstellung

Kontrolliert nach dem Geschlecht lassen sich folgende Ergebnisse beschreiben. Der jeweilige hoch signifikante Zusammenhang zwischen „soziale Einbindung" bzw. „audiovisuelle Medien" und „Lesekompetenz" steigt (dem Betrag nach) gering bei Mädchen. Im Vergleich dazu verringert sich der Zusammenhang der aufgezeigten Variablen bei Jungen. Die Stärke der hoch signifikanten Korrelationskoeffizienten der Variablen „Gespräche sowie prä- und paraliterarische Kommunikation", „Leseverhalten der Eltern" und „Computermedien" vermindert sich (dem Betrag nach) bei Kontrolle des weiblichen Geschlechts in geringem Umfang. Bei Jungen hingegen verstärken sich die jeweiligen Korrelationen geringfügig.

Kontrolliert nach dem Migrationshintergrund zeigen sich folgende Ergebnisse (siehe Tabelle 15b): Der Zusammenhang zwischen „soziale Einbindung" und „Lesekompetenz" verstärkt sich bei Kindern aus Familien, in denen mindestens ein Elternteil in Deutschland geboren wurde. Der Korrelationskoeffizient von Kindern, deren beide Elternteile in Deutschland auf die Welt kamen, beträgt 0,197 und ist hoch signifikant. Ist der Vater oder die Mutter in Deutschland geboren worden, weist der Korrelationskoeffizient 0,211 auf.

Auch dieser Zusammenhang ist hoch signifikant. Bei Kindern, deren beide Eltern im Ausland auf die Welt kamen, zeigt sich keine signifikante Korrelation zwischen „soziale Einbindung" und „Lesekompetenz".

Der Korrelationskoeffizient des Leseverhaltens der Eltern nimmt bei Kindern, deren Vater und Mutter in Deutschland bzw. im Ausland geboren wurden, ab. Im ersten Fall beträgt der Korrelationskoeffizient 0,143 – ein hoch signifikanter Wert. Im zweiten Fall weist der Zusammenhang zwischen „Leseverhalten der Eltern" und „Lesekompetenz" einen hoch signifikanten Koeffizienten von 0,157 auf. Bei Kindern, deren Vater oder Mutter in Deutschland auf die Welt kam, beträgt der Korrelationskoeffizient hoch signifikante 0,219.

Der Zusammenhang zwischen „Gespräche sowie prä- und paraliterarische Kommunikation" und „Lesekompetenz" verringert sich bei Kindern ohne Migrationshintergrund. Dort zeigt er einen hochsignifikanten Wert von 0,127 auf. Der Korrelationskoeffizient der Variable „Gespräche sowie prä- und paraliterarische Kommunikation" erhöht sich bei Kindern mit Migrationshintergrund. Danach weist der Korrelationskoeffizient bei Kindern, deren Vater oder Mutter im Ausland geboren wurde, einen Wert von 0,235 auf. Der Zusammenhang erweist sich auf dem 0,1-Prozent-Niveau als signifikant. Erblickte kein Elternteil in Deutschland das „Licht der Welt", so weist der Korrelationskoeffizient einen hoch signifikanten Wert von 0,207 auf.

Der jeweils negative Zusammenhang zwischen „audiovisuelle Medien" bzw. „Computermedien" und „Lesekompetenz" vergrößert sich bei Kindern aus Familien, in denen mindestens ein Elternteil in Deutschland geboren wurde. Bei Kindern aus Familien ohne Migrationshintergrund liegt der Korrelationskoeffizient im Hinblick auf „audiovisuelle Medien" bzw. „Computermedien" bei signifikanten -0,060 bzw. -0,068. Erblickte ein Elternteil in Deutschland das „Licht der Welt", so weist der Korrelationskoeffizient in Bezug auf „audiovisuelle Medien" einen signifikanten Wert von -0,115 auf. Hinsichtlich „Computermedien" beträgt der Korrelationskoeffizient -0,157. Er ist auf dem 0,1-Prozent-Niveau signifikant. Der Zusammenhang zwischen „audiovisuelle Medien" bzw. „Computermedien" und „Lesekompetenz" stellt sich bei Kindern, deren beide Elternteile im Ausland geboren wurden, als leicht negativ dar. Diese Korrelation ist jedoch als nicht signifikant zu beurteilen.

Zusammengefasst weist nicht jeder Bereich familialer Lesesozialisation einen positiven Zusammenhang zu „Lesekompetenz" auf. „Soziale Einbindung", „Gespräche sowie prä- und paraliterarische Kommunikation" und „Leseverhalten der Eltern" korrelieren positiv mit „Lesekompetenz". „Audiovisuelle Medien" und „Computermedien" korrelieren negativ mit „Lesekompetenz". Darüber hinaus ist anzumerken, dass die Stärke der jeweiligen Zusammenhänge relativ gering ist. Den „stärksten" Wert zeigt die Variable „Gespräche sowie prä- und paraliterarische Kommunikation" mit einem Korrelationskoeffizienten von 0,171. Kontrolliert nach dem Geschlecht verändern sich die Korrelationskoeffizienten geringfügig. Dem Betrag nach verstärkt sich der jeweilige Zusammenhang zwischen „soziale Einbindung" bzw. „audiovisuelle Medien" und „Lesekompetenz", wenn es sich um Mädchen handelt anstatt um Jungen. Die Korrelationskoeffizienten der Variablen „Gespräche sowie prä- und paraliterarische Kommunikation", „Leseverhalten der Eltern" und „Computermedien" hingegen verringern sich bei Mädchen und erhöhen sich bei Jungen. Kontrolliert nach dem Migrationshintergrund sind ebenfalls Veränderungen zu beobachten. Auffällig ist vor allem der relativ hohe Anstieg jedes Korrelationskoeffizienten (dem Betrag nach) bei Kontrolle auf „ein Elternteil ist in Deutschland geboren".

Tabelle 15b: Einfluss der jeweiligen unabhängigen Variable auf die Lesekompetenz nach Spearman bzw. Pearson, kontrolliert nach dem Migrationshintergrund

unabhängige Variable	Abhängige Variable			
	Lesekompetenz			
	Gesamt	Migrationshintergrund		
		kein Elternteil ist in Deutschland geboren	ein Elternteil ist in Deutschland geboren	beide Elternteil sind in Deutschland geboren
soziale Einbindung	0,162*** (6587)	0,048 (751)	0,211*** (432)	0,197*** (4628)
Leseverhalten der Eltern	0,167*** (6642)	0,157*** (764)	0,219*** (436)	0,143*** (4659)
Gespräche sowie prä- und paraliterarischer Kommunikation	0,184*** (3136)	0,207*** (692)	0,235*** (411)	0,127*** (4481)
audiovisuelle Medien	-0,054*** (6562)	0,001 (742)	-0,115* (432)	-0,060*** (4613)
Computermedien	-0,059*** (6510)	0,006 (735)	-0,157*** (427)	-0,068*** (4591)

*** p<0,001; ** p< 0,01; * p< 0,05; Anzahl der Fälle in Klammern

Quelle: Eigene Darstellung

8.3 Multivariate Analyse

8.3.1 Regressionsdiagnostik für die multiple lineare Regression

In dem folgenden Abschnitt werden die verschiedenen Annahmen des multiplen linearen Regressionsmodells vorgestellt (vgl. Kapitel 7.3). Nach der Prüfung dieser Bedingungen auf Basis des IGLU-Datensatzes erfolgt eine kurze Diskussion des Themas „Ausreißer" im IGLU-Datensatz.

Eine Voraussetzung, die das multiple lineare Regressionsmodell erfüllen sollte, ist die Linearität zwischen der abhängigen und unabhängigen Variable (Backhaus et al. 2003: 79). Zur Überprüfung dieser Anforderung ist es im Fall der multiplen Regression sinnvoll, so genannte Residuen-Plots zu erstellen (Fox 1991: 54). Diese ermöglichen es, den partiellen Zusammenhang zwischen unabhängiger und abhängiger Variable unter Bereinigung eventuell verzerrender Einflüsse der übrigen Variablen darzustellen. Hierzu werden zuerst die übrigen Prädiktoren sowohl aus dem jeweiligen Prädiktor als auch aus dem Kriterium partialisiert. Anschließend werden die so errechneten Residuen in einem Streudiagramm gegeneinander abgetragen (Fox 1991: 53-58). Die partiellen Residuen-Plots der jeweiligen unabhängigen Variablen bzw. Kontrollvariablen, die in das Regressionsmodell eingehen, auf die abhängige Variable „familiale Lesesozialisation" bzw. „Lesekompetenz" zeigen jeweils einen linearen Zusammenhang (ein Beispiel siehe Abbildung 13). Damit kann von unverzerrten Schätzern ausgegangen werden.

Abbildung 13: Partieller Residuen-Plot am Beispiel „Gespräche sowie prä- und paraliterarische Kommunikation" auf „Lesekompetenz"

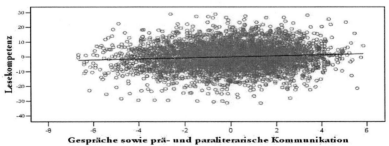

Quelle: Eigene Darstellung

Eine weitere Prämisse des linearen Regressionsmodells ist die Homoskedastizität, d. h., sämtliche Fehlervariablen sollten dieselbe Varianz aufweisen (Backhaus et al. 2003: 84). Eine Methode, um das Regressionsmodell daraufhin zu testen, bietet die Beobachtung von Residuen-Plots (Fox 1991: 49-50). In der vorliegenden Arbeit werden die studentisierten[63] Residuen gegen die standardisierten Prognosewerte „geplottet". Sowohl der Plot für das Modell mit der abhängigen Variable „familiale Lesesozialisation" als auch der Plot für das Modell mit der abhängigen Variable „Lesekompetenz" zeigen kein Dreiecksmuster (für die Lesekompetenz siehe Abbildung 14). Daher kann von Homoskedastizität ausgegangen werden (Backhaus et al. 2003: 85).

Abbildung 14: Plot der studentisierten Residuen gegen die geschätzten Werte am Beispiel „Lesekompetenz"

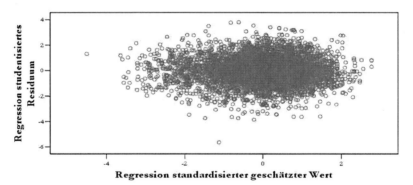

Quelle: Eigene Darstellung

Des Weiteren basiert das lineare Regressionsmodell auf der Annahme, dass keine Autokorrelation zu beobachten ist, d. h. die Residuen in der Grundgesamtheit sollten nicht korrelieren. Autokorrelation kann Verzerrungen bei der Ermittlung des Standardfehlers der Regressionskoeffizienten zur Folge haben. Auch die Bestimmung der Konfidenzintervalle für die Regressionskoeffizienten kann beeinflusst sein. Dies schränkt die Effizienz der OLS-Schätzer ein. Mit Hilfe des Durbin-Watson-Tests ist Autokorrelation feststellbar. Dieser Test untersucht den Zusammenhang erster Ordnung zwischen den Residuen von zwei aufeinander folgenden Beobachtungswerten (Backhaus et al. 2003: 87-88). Erreicht

---

[63] Eine ausführliche Erklärung zu studentisierten Residuen findet sich in Fox 1991: 25-29.

die Testgröße „d" annähernd den Wert 2, so ist von einer Abwesenheit positiver oder negativer Autokorrelation erster Ordnung auszugehen (Braun 2004: 85). Die Durbin-Watson-Statistik weist im Regressionsmodell mit der abhängigen Variable „familiale Lesesozialisation" einen Wert von 1,970 auf. Stellt die Lesekompetenz die abhängige Variable dar, ist der Wert der Durbin-Watson-Statistik 1,818. Damit ist in hohem Maße anzunehmen, dass keine Autokorrelation vorliegt.

Eine weitere Prämisse des linearen Regressionsmodells stellt die Abwesenheit von Multikollinearität dar. Dies bedeutet, die Regressoren dürfen nicht exakt linear abhängig sein. Lassen sich die Regressoren als lineare Funktion der übrigen Regressoren darstellen, besteht perfekte Multikollinearität und die OLS-Schätzer sind nicht bestimmbar. Zwar kommt ein solcher Fall selten vor, dennoch sollte auch ein hoher Grad an Multikollinearität ausgeschlossen werden, da die Schätzer an Präzision verlieren (Backhaus et al. 2003: 88). Zur Überprüfung von Multikollinearität bietet sich die Untersuchung einer Korrelationsmatrix[64] der erklärenden Variablen bzw. der Kontrollvariablen an. Für die vorliegende Analyse ist es übersichtlich, für jedes Regressionsmodell eine eigene Korrelationsmatrix anzufertigen.

Im Anhang V ist die Korrelationsmatrix der unabhängigen Variablen der familialen Lesesozialisation abgebildet. Bei Betrachtung der Korrelationsmatrix fällt auf, dass lediglich die Korrelation zwischen „Bildung" und „soziale Klassenlage" mit einem Korrelationskoeffizienten von 0,568 eine mittlere Korrelation darstellt (Bühl/Zöfel 2002: 318). Die anderen Korrelationen lassen sich entweder als sehr gering oder gering einstufen. Da sich eine hohe Korrelation, per definitionem, dem Betrag nach nahe 1 bewegt (Backhaus et al. 2003: 89), ist vorerst keine Multikollinearität zu vermuten.

Die Korrelationsmatrix der unabhängigen Variablen bzw. Kontrollvariablen der Lesekompetenz (siehe Anhang VI) zeigt lediglich sehr geringe bzw. geringe Korrelationen. Eine Multikollinearität ist somit auch zwischen den Regressoren der erklärenden Variablen bzw. Kontrollvariablen der Lesekompetenz nicht anzunehmen.

Um auch die Möglichkeit einer Multikollinearität trotz niedriger bis mittelstarker Werte für die Korrelationskoeffizienten auszuschließen, empfiehlt es sich, die so genannte Toleranz zu bestimmen. Dieses Maß errechnet sich mittels des Bestimmtheitsmaßes R^2 folgendermaßen: $T_j = 1 - R_j^2$. Der Kehrwert der Toleranz wird als „Variance Inflation Fac-

---

[64] Näheres zur Erstellung und Beurteilung von Korrelationen ist im ersten Abschnitt dieses Kapitels nachzulesen.

tor" $VIF_i = 1/T_i$ (Fox 1991: 11) bezeichnet. Bei VIF-Werten über 10 kann von Kollineari-
tät gesprochen werden (Braun 2004: 78). Bei Betrachtung der VIF-Werte der unabhängigen
Variablen der familialen Lesesozialisation (siehe Anhang VII) bzw. der unabhängigen Variablen und Kontrollvariablen der Lesekompetenz (siehe Anhang VIII), so fällt auf, dass
die Variable „soziale Klassenlage" den höchsten VIF-Wert mit 1,621 aufweist. Dieser Wert
ist als niedrig einzustufen. Daher ist von keiner bedenklichen Multikollinearität auszugehen.

Die letzte Prämisse des linearen Regressionsmodells fordert eine Normalverteilung der-
Störgrößen. Diese Annahme beeinflusst nicht die BLUE-Eigenschaft der OLS-Schätzer
(Kmenta 1997: 261). Lediglich für die Durchführung statistischer Tests wie t-Test und F-
Test ist diese Prämisse von Bedeutung (Backhaus et al. 2003: 91). Da sowohl der t-Test als
auch der F-Test in der vorliegenden Arbeit angewendet werden, ist das Regressionsmodell
hinsichtlich der Normalverteilung der Störgrößen zu beobachten. Aufgrund der hohen
Fallzahl in dem vorliegenden Fall (N = 7654) braucht das Regressionsmodell jedoch
keinem weiteren Test unterzogen zu werden, da hier der zentrale Grenzwertsatz greift.
Demnach sind bei genügend großer Zahl der Beobachtungen (etwa K > 40) Signifikanz-
tests unabhängig von der Verteilung der Störgrößen gültig (Backhaus et al. 2003: 92).

Darüber hinaus wird der Datensatz in Bezug auf „Ausreißer" kontrolliert, d. h. auf Daten-
punkte, die einen starken Einfluss auf die Regressionsresultate haben könnten (Fox 1991:
21). Mit Hilfe der partiellen Residuen-Plots, die im Abschnitt zur Linearität erstellt wurden,
sind solche Punkte beobachtbar (Braun 2004: 85). Nach ausführlicher Prüfung der einzelnen partiellen Residuen-Plots ist kein Ausreißer zu beobachten.

8.3.2 Ergebnisse der multiplen linearen Regression

In diesem Kapitel werden die Ergebnisse der multivariaten Analyse dargestellt, die mittels
des Verfahrens der multiplen linearen Regression entstanden sind. In der Darstellung der
Resultate wird folgendermaßen vorgegangen: Zunächst werden die Ergebnisse der Regressionsmodelle mit der abhängigen Variable „familiale Lesesozialisation" berichtet. Im
Anschluss daran werden die Ergebnisse der Regressionsmodelle mit der abhängigen Variable „Lesekompetenz" dargelegt. Die Diskussion in Kapitel 9 baut unter anderem auf diesen
Ergebnissen auf.

8.3.2.1 Multiple lineare Regression mit der abhängigen Variable „familiale Lesesozialisation"

Die Ergebnisse verschiedener Studien zu familialer Lesesozialisation (vgl. Kapitel 3) lassen einen Zusammenhang zwischen elterlicher Bildung und familialer Lesesozialisation vermuten (vgl. Hypothese 2), der im Basismodell getestet wird. Darüber hinaus lieferten Beckers Humankapitaltheorie, Bourdieus Reproduktionstheorie und die schichtspezifische Sozialisationstheorie weitere mögliche Einflussfaktoren der familialen Lesesozialisation, wie Kosten, soziale Klassenlage und erzieherische Haltung zum Thema Lesen.

Um einen Eindruck zu bekommen, welcher theoretisch hergeleitete Einflussfaktor in Verbindung mit „Bildung" den stärksten Effekt aufweist, werden die Modelle 1 bis 3 berechnet. Im Gesamtmodell werden alle vier Einflussfaktoren einbezogen und damit die Erklärungskraft des Gesamtmodells aufgezeigt.

Tabelle 16 zeigt die standardisierten Regressionskoeffizienten (auch Beta-Koeffizient genannt) für die unabhängigen Variablen[65] der verschiedenen Modelle.

Tabelle 16: Ergebnisse der Regressionsmodelle mit der abhängigen Variable „familiale Lesesozialisation"

unabhängige Variablen	Basismodell	Modell 1	Modell 2	Modell 3	Gesamt-modell
	Beta (t-Wert)	Beta (t-Wert)	Beta (t-Wert)	Beta (t-Wert)	Beta (t-Wert)
Bildung	0,137*** (8,637)	0,139*** (7,377)	0,061** (2,711)	0,058*** (3,605)	0,041 (1,709)
Kosten		-0,032 (-1,666)			0,028 (1,245)
soziale Klassenlage			0,088*** (3,943)		0,046 (1,847)
erzieherische Haltung zum Thema Lesen				0,268*** (16,577)	0,261*** (12,764)
korrigiertes R^2	0,019	0,024	0,017	0,083	0,081
F	74,599	41,595	24,819	173,217	54,540
N	3899	3372	2818	3802	2432

*** p<0,001; ** p< 0,01; * p< 0,05
Quelle: Eigene Darstellung

---

[65] An dieser Stelle sei noch einmal darauf hingewiesen, dass die Regressionsmodelle in Kapitel 8.3.2.1 und 8.3.2.2 neben metrischen und dichotomen auch ordinale unabhängige Variablen einbeziehen. Näheres vgl. Kapitel 7.3.

Die fünf Modelle zeigen ein korrigiertes R^2 auf, das sich zwischen 0,019 im Fall des Basismodells und 0,083 im Fall des Modells 3 bewegt. Diese Werte weisen auf eine geringe Erklärungskraft hin.[66] Das Basismodell erklärt ca. 2 Prozent der Varianz der Variable „familiale Lesesozialisation". Der relativ hohe F-Wert von 74,599 weist darauf hin, dass ein linearer Zusammenhang zwischen dem Modell und der familialen Lesesozialisation in der Grundgesamtheit besteht. Wendet man sich dem hoch signifikanten Beta-Wert der Bildung von 0,137 zu, so besagt dieser einen geringen Zusammenhang zwischen „Bildung" und „familiale Lesesozialisation".[67] Der t-Wert von 8,637 bestätigt den Zusammenhang.

Das Modell 1 weist ein korrigiertes R^2 von 0,024 auf, d. h., 2,4 Prozent der Varianz der familialen Lesesozialisation werden durch „Bildung" bzw. „Kosten" erklärt. Mit der Aufnahme der Kosten-Variable verringert sich der F-Wert des zweiten Modells auf 41,595. Der hoch signifikante Einfluss der Bildung hat sich unter Hinzunahme der Kosten auf einen Beta-Wert von 0,139 leicht gesteigert. Der t-Wert des Regressionskoeffizienten der Bildung hat sich hingegen vom Gesamtmodell zu Modell 1 verringert. Die Kosten legen einen sehr geringen negativen Effekt auf die Lesekompetenz dar, der sich mit einem t-Wert von -1,666 als nicht signifikant herausstellt.

Die Erklärungskraft des Modells 2 stellt mit 1,7 Prozent der Varianz der familialen Lesesozialisation von den fünf Modellen die geringste dar. Auch der F-Wert von 24,819 verzeichnet den kleinsten F-Wert der fünf Modelle. Betrachtet man den Beta-Wert der Bildung unter Einbezug der sozialen Klassenlage im Vergleich zum Basismodell, so schrumpft der Einfluss auf die familiale Lesesozialisation auf signifikante 0,061. Dieser standardisierte Regressionskoeffizient ist als sehr gering einzuschätzen. Der t-Wert ist 2,711. Der Beta-Wert der sozialen Klassenlage beträgt hoch signifikante 0,088 bei einem t-Wert von 3,943. Damit besteht ein sehr geringer Zusammenhang zwischen „soziale Klassenlage" und „familiale Lesesozialisation".

---

[66] Niedrige Werte des korrigierten R^2 sind bei Theorietests nicht selten. Dies liegt daran, dass das Erkenntnisinteresse eines Theorietests ein anderes ist als das der Erklärung der Lesekompetenz.

[67] Eine präzisere Ausführung des Zusammenhangs zwischen der elterlichen Bildung und der familialen Lesesozialisation ist aufgrund der ordinalen unabhängigen Variablen nicht möglich. Bei metrischen unabhängigen Variablen wird näher auf die Interpretation des standardisierten Regressionskoeffizienten Beta eingegangen.

Das Modell 3 weist mit 8,3 Prozent von den fünf Modellen die größte erklärte Varianz der familialen Lesesozialisation auf. Auch der F-Wert stellt mit 173,217 den höchsten F-Wert der fünf Modelle dar. Verglichen mit dem Basismodell verliert die Bildung an Einfluss auf die familiale Lesesozialisation. Der standardisierte Regressionskoeffizient der Bildung beträgt 0,058. Der t-Wert beläuft sich auf 3,605. Der Einfluss der erzieherischen Haltung zum Thema Lesen auf das Ausmaß der familialen Lesesozialisation ist mit einem hoch signifikanten Beta-Wert von 0,268 als deutlich zu bezeichnen. Der t-Wert beträgt 16,577.

Das Gesamtmodell erklärt 8,1 Prozent der Varianz der familialen Lesesozialisation bei einem F-Wert von 54,540. Unter Einbezug aller erklärenden Variablen weist die Variable „Bildung", die im Basismodell und den Modellen 1 bis 3 einen positiven signifikanten Effekt aufzeigte, einen sehr schwachen positiven Effekt auf, der sich als nicht signifikant erweist. Dieses Ergebnis zeigt sich auch anhand des verringerten t-Wertes von 1,709 im Verhältnis zu den t-Werten in den vorangegangenen Modellen. Die Variable der Kosten, die in Modell 1 keinen signifikanten Einfluss beschrieb, weist auch im Gesamtmodell keinen signifikanten Effekt auf die familiale Lesesozialisation auf. Der t-Wert der Kosten beträgt 1,245. Die soziale Klassenlage, die in Modell 2 einen positiven signifikanten Effekt aufzeigte, weist im Gesamtmodell einen nicht signifikanten Einfluss auf die familiale Lesesozialisation auf. Der t-Wert der sozialen Klassenlage ist 1,847. Lediglich die Variable „erzieherische Einstellung zum Thema Lesen" beschreibt mit einem hoch signifikanten Beta-Wert von 0,261 einen deutlichen Effekt auf „familiale Lesesozialisation". Der t-Test weist einen Wert von 12,764 auf.[68]

Zusammenfassend kann Folgendes festgehalten werden: Das Modell 3, welches über die Bildung hinaus auch die erzieherische Haltung zum Thema Lesen beinhaltet, erklärt mit 8,3 Prozent von den verschiedenen Modellen den größten Anteil der Varianz der familialen Lesesozialisation. Auffällig ist in diesem Modell, dass sich der Einfluss der Variable „Bildung" unter Einbezug der erzieherischen Haltung zum Thema Lesen verringert im Verhältnis zum Basismodell. Die erzieherische Haltung besitzt einen deutlichen Einfluss auf die familiale Lesesozialisation. Das Gesamtmodell gibt darüber hinaus einen Aufschluss

---

[68] Es ist zu vermuten, dass die erzieherische Haltung zum Lesen den Effekt der Variablen der Bildung, der Kosten und der sozialen Klassenlage vollständig aufklärt. Ausführlich wird diese Vermutung in Kapitel 9.1 diskutiert.

darüber, wie sich die einzelnen Einflüsse bei Kontrolle der anderen drei Variablen im Verhältnis zu den Einzelmodellen verändern. Die Bildung, die im Basismodell und den Modellen 1 bis 3 einen positiven signifikanten bis hoch signifikanten Einfluss aufwies, verliert im Gesamtmodell ihre Signifikanz. Der geringe negative, nicht signifikante Effekt der Kosten verändert sich zu einem geringen positiven Effekt, der nicht signifikant ist. Der leicht positive, hoch signifikante Effekt der sozialen Klassenlage verliert im Gesamtmodell an Stärke und Signifikanz. Lediglich die erzieherische Haltung zum Thema Lesen weist einen signifikanten Zusammenhang zu familialer Lesesozialisation auf. Mit einer geringen Einbuße an Effektstärke von Modell 3 zum Gesamtmodell zeigt sich ein positiver deutlicher Effekt der Variable „erzieherische Haltung zum Thema Lesen".

8.3.2.2 Multiple lineare Regression mit der abhängigen Variable „Lesekompetenz"

Nachdem in Kapitel 8.3.2.1 Einflussfaktoren der familialen Lesesozialisation untersucht wurden, wird in diesem Abschnitt der Effekt „familiale Lesesozialisation" auf „Lesekompetenz" getestet. Diese Analyse ist folgendermaßen aufgebaut: In einem ersten Schritt werden die verschiedenen Indikatoren der familialen Lesesozialisation, wie „soziale Einbindung", „Leseverhalten der Eltern", „Gespräche sowie prä- und paraliterarische Kommunikation", „audiovisuelle Medien" und „Computermedien", in die Analyse einbezogen (Basismodell). In einem weiteren Schritt wird beobachtet, wie sich die möglichen Effekte aus dem Gesamtmodell bei Kontrolle auf „Geschlecht", „Geschwisteranzahl", „Alter" und „Migrationshintergrund" verändern (Gesamtmodell). Die Ergebnisse dieser beiden Modelle sind in Tabelle 17 aufgezeigt.

Das Basismodell weist ein korrigiertes R^2 von 0,061 auf. Damit erklärt dieses Modell 6,1 Prozent der Varianz der Lesekompetenz. Diese Erklärungskraft ist eher gering.[69] Der F-Wert beträgt 80,830. Bei Betrachtung der Beta-Koeffizienten der Indikatoren der familialen Lesesozialisation fällt auf, dass alle zunächst einmal hoch signifikant sind. Die Richtung der Einflüsse gestaltet sich im Fall der Variablen „soziale Einbindung", „Leseverhalten der Eltern", „Gespräche sowie prä- und paraliterarische Kommunikation" positiv, im Fall der

---

[69] Die geringe Höhe des korrigierten Bestimmtheitsmaßes ist darauf zurückzuführen, dass hier nur ein Teilbereich der Lesesozialisation untersucht wird, nämlich die familiale Lesesozialisation. Als weitere Einflussinstanzen der Lesefähigkeit von Kindern gelten Kindergarten/Schule und Gleichaltrigengruppen (Bertschi-Kaufmann/Kassis/Schneider 2004: 27).

Variablen „audiovisuelle Medien" und „Computermedien" negativ. Die Stärke der Indikatoren der familialen Lesesozialisation lässt sich wie folgt beschreiben: Die soziale Einbindung zeigt einen Beta-Koeffizienten von 0,079 auf mit einem t-Wert von 6,055. Dieser Einfluss ist als sehr gering einzuschätzen. Das Leseverhalten der Eltern besitzt einen standardisierten Regressionskoeffizienten von 0,110. Der t-Wert beträgt 8,574. Der Effekt des Leseverhaltens der Eltern auf die Lesekompetenz ist als gering zu bezeichnen. Die Variable „Gespräche sowie prä- und paraliterarische Kommunikation" weist den stärksten Effekt der Indikatoren der familialen Lesesozialisation (dem Betrag nach) mit einem Beta-Wert von 0,152 und einem t-Wert von 11,278 auf. Somit übt die Variable „Gespräche sowie prä- und paraliterarische Kommunikation" einen geringen Einfluss auf „Lesekompetenz" aus. „Audiovisuelle Medien" und „Computermedien" besitzen mit einem jeweils hoch signifikanten standardisierten Regressionskoeffizienten von -0,070 bzw. -0,082 einen dem Betrag nach sehr geringen Einfluss auf „Lesekompetenz". Der t-Wert der audiovisuellen Medien beträgt -5,483, der der Computermedien -6,487.

Tabelle 17: Ergebnisse der Regressionsmodelle mit der abhängigen Variable „Lesekompetenz"

unabhängige Variablen	Basismodell	Gesamtmodell	
	Beta (t-Wert)	Beta (t-Wert)	B
soziale Einbindung	0,079*** (6,055)	0,095*** (6,846)	
Leseverhalten der Eltern	0,110*** (8,574)	0,090*** (6,599)	
Gespräche sowie prä- und paraliterarische Kommunikation	0,152*** (11,278)	0,110*** (7,708)	
audiovisuelle Medien	-0,070*** (-5,483)	-0,069*** (-5,134)	
Computermedien	-0,082*** (-6,487)	-0,084*** (-6,298)	
Geschlecht		0,056*** (4,238)	0,972***
Geschwisteranzahl		-0,049*** (3,724)	
Alter		-0,071*** (5,373)	
Migrationshintergrund		-0,189*** (14,179)	
korrigiertes R^2	0,061	0,112	
F	80,830	74,346	
N	6138	5247	

*** $p<0,001$; ** $p< 0,01$; * $p< 0,05$

Quelle: Eigene Darstellung

Im Gesamtmodell wird das Basismodell um die *Kontrollvariablen* „Geschlecht", „Geschwisteranzahl", „Alter" und „Migrationshintergrund" erweitert. Mit Einbezug der Kontrollvariablen erhöht sich das korrigierte R^2 von 0,061 im Basismodell auf 0,112 im Gesamtmodell. Das Gesamtmodell erklärt 11,2 Prozent der Varianz der Lesekompetenz. Die Erklärungskraft des Gesamtmodells bei einem F-Wert von 74,346 ist als eher gering zu beurteilen. Bei der Betrachtung der Beta-Werte der Indikatoren der familialen Lesesozialisation ist vor allem die Veränderung vom Basismodell zum Gesamtmodell interessant. Daher setzt die Darstellung dort an. Mit dem Einbezug der Kontrollvariablen haben sich die standardisierten Regressionskoeffizienten der sozialen Einbindung bzw. der Computermedien in sehr geringem Maße auf 0,095 bzw. -0,084 gesteigert. Trotz des Anstiegs des Effekts sind die jeweiligen Zusammenhänge mit der Lesekompetenz als sehr gering zu bezeichnen. Der t-Wert beträgt im Fall der Variable „soziale Einbindung" 6,846 und im Fall der Variable „Computermedien" -6,298. Während sich durch die Aufnahme der Kontrollvariablen im Gesamtmodell die Beta-Werte der sozialen Einbindung bzw. Computermedien verstärkt haben, verringerten sich die Effekte des Leseverhaltens der Eltern, der Gespräche sowie prä- und paraliterarischer Kommunikation und der audiovisuellen Medien. Der standardisierte Regressionskoeffizient der Variable „Leseverhalten der Eltern" nahm an Stärke vom Basismodell zum Gesamtmodell auf 0,090 leicht ab. Der Zusammenhang zwischen der Häufigkeit, mit der Eltern lesen, und der Lesekompetenz des Kindes ist gering. Der Beta-Wert weist einen t-Wert von 6,599 auf. Der Indikator „Gespräche sowie prä- und paraliterarische Kommunikation" stellt auch im Gesamtmodell den stärksten Effekt mit einem standardisierten Regressionskoeffizienten von 0,110 dar, wenngleich sich der Effekt im Verhältnis zum Basismodell leicht verringert hat. Der Einfluss dieser Variable auf die Lesekompetenz kann als gering bezeichnet werden. Der t-Wert der Variable „Gespräche sowie prä- und paraliterarische Kommunikation" ist 7,708. Die Stärke des Einflusses der audiovisuellen Medien hat sich vom Basismodell zum Gesamtmodell auf einen Beta-Wert von -0,069 geringfügig verkleinert. Der Einsatz audiovisueller Medien in der familialen Lesesozialisation hat damit einen sehr geringen negativen Effekt auf die Lesekompetenz des Kindes. Der t-Wert beträgt -5,134.

Nach den Ergebnissen zu den erklärenden Variablen folgen nun die Resultate der Kontrollvariablen im Gesamtmodell. Sowohl das Geschlecht, die Geschwisteranzahl und das Alter als auch der Migrationshintergrund des Kindes besitzen einen hoch signifikanten Einfluss auf die Lesekompetenz. Wie in Kapitel 7.3 aufgezeigt wurde, eignet sich zur Interpretation dichotomer Variablen anstatt des standardisierten Regressionskoeffizienten der unstandardisierte Regressionskoeffizient B. Daher wird für die Variable „Geschlecht" der unstandardisierte Regressionskoeffizient B berechnet, der 0,972 aufzeigt. Dieser Wert bedeutet, dass Mädchen im Verhältnis zu Jungen im Durchschnitt ca. einen Punkt mehr Lesekompetenz aufweisen. Der Zusammenhang ist als sehr gering einzuschätzen. Der t-Wert beträgt 4,238. Der standardisierte Regressionskoeffizient der Geschwisteranzahl zeigt -0,049. Dieser Wert besagt, dass bei jedem weiteren Kind in der Familie die Lesekompetenz dieses Kindes um 0,049 Punkte geringer ausfällt. Der Effekt der Geschwisteranzahl kann als gering verzeichnet werden. Der t-Wert des Regressionskoeffizienten ist 3,724. Der Beta-Wert des Alters zeigt -0,071 das bedeutet, jedes weitere Lebensjahr, das ein Kind aufweist, verringert die Lesekompetenz um 0,071 Punkte. Auch dieser Zusammenhang ist als gering zu bezeichnen. Zuletzt wird der Beta-Wert der Variable „Migrationshintergrund" betrachtet, der -0,189 aufzeigt. Dieser Wert weist auf einen relativ geringen negativen Einfluss des Migrationshintergrundes auf die Lesekompetenz des Kindes hin. Der t-Wert des Regressionskoeffizienten ist 14,179.

Fasst man die Ergebnisse der beiden Modelle zur Erklärung der Lesekompetenz zusammen, so zeigt sich folgendes Bild: Alle Indikatoren der familialen Lesesozialisation besitzen einen hoch signifikanten Einfluss auf die Lesekompetenz. Die Unterschiede zwischen den Effekten der Indikatoren bestehen in der Richtung und darüber hinaus in der Stärke der Einflüsse. Während die Variablen „soziale Einbindung", „Leseverhalten der Eltern" und „Gespräche sowie prä- und paraliterarische Kommunikation" einen positiven Zusammenhang zu „Lesekompetenz" aufweisen, zeigen die Variablen „audiovisuelle Medien" und „Computermedien" einen negativen. Dem Betrag nach übt „Gespräche sowie prä- und paraliterarische Kommunikation" den stärksten Effekt auf „Lesekompetenz" aus. Der Einbezug audiovisueller Medien in die familiale Lesesozialisation beeinflusst die Lesekompetenz des Kindes am wenigsten.

Kontrolliert man die Einflüsse der Indikatoren der familialen Lesesozialisation nach dem Geschlecht, der Geschwisteranzahl, dem Alter und dem Migrationshintergrund, wie dies im Gesamtmodell geschehen ist, verändern sich die Beta-Werte. Der Effekt der sozialen Einbindung und der Computermedien nimmt geringfügig zu, die Einflüsse des Leseverhaltens der Eltern, der Gespräche sowie prä- und paraliterarische Kommunikation und der audiovisuellen Medien nehmen geringfügig ab. Trotz der leichten Effektveränderungen behält die Variable „Gespräche sowie prä- und paraliterarische Kommunikation" den stärksten Effekt bei. Darüber hinaus beeinflussen die Kontrollvariablen „Geschlecht", „Geschwisteranzahl", „Alter" und „Migrationshintergrund" die Lesekompetenz.

9 Diskussion

In diesem Abschlusskapitel werden die relevanten Ergebnisse der Analysen zusammengetragen und interpretiert. Darüber hinaus werden praktische Konsequenzen und weitere Fragestellungen zum vorliegenden Thema besprochen.

9.1 Zusammenfassung und Interpretation der Ergebnisse

Die vorliegende Arbeit war durch zwei Forschungsfragen gekennzeichnet:
- ➢ Welche Faktoren beeinflussen die familiale Lesesozialisation?
- ➢ Welche Bereiche der familialen Lesesozialisation besitzen einen Einfluss auf die Lesekompetenz des Kindes?

Nach der Beschreibung des aktuellen Forschungsstandes zur familialen Lesesozialisation wurden als theoretische Erklärungsmodelle Beckers Humankapitaltheorie, Bourdieus Reproduktionstheorie und die schichtspezifische Sozialisationsforschung herangezogen. Die elterliche Bildung, die subjektiv eingeschätzten Kosten der familialen Lesesozialisation, die soziale Klassenlage und die erzieherische Haltung der Eltern zum Thema Lesen wurden dabei als Einflussfaktoren der familialen Lesesozialisation abgeleitet. Der Einfluss familialer Lesesozialisation auf die Lesekompetenz ließ sich aus dem Forschungsstand der familialen Lesesozialisation ableiten. Einige Indikatoren der familialen Lesesozialisation, wie die soziale Einbindung, das Leseverhalten der Eltern und Gespräche sowie prä- und paraliterarische Kommunikation, wurden angelehnt an der Studie „Leseklima in der Familie" von Hurrelmann et al. (1993) modelliert (vgl. Kapitel 3). Darüber hinaus wurden Indikatoren, wie „audiovisuelle Medien" und „Computermedien", verwendet, die sich auf der Basis der Definition der Lesesozialisation ableiteten (vgl. Kapitel 2.1) und somit innovative Bereiche der familialen Lesesozialisation darstellen.

Die empirische Analyse basierte auf den Daten der IGLU-Studie des Jahres 2001. Die aufgestellten Vermutungen wurden bivariat mittels der Rangkorrelation nach Spearman bzw. der Produkt-Moment-Korrelation nach Pearson getestet. Die multivariate Analyse basierte auf der multiplen linearen Regression.

Die Ergebnisse der empirischen Studie können wie folgt zusammengefasst werden:
Nach einer bivariaten Analyse beeinflussen sowohl die elterliche Bildung und die subjektiv

eingeschätzten Kosten als auch die soziale Klassenlage und die erzieherische Haltung zum Thema Lesen jeweils die familiale Lesesozialisation. Während die Bildung, die soziale Klassenlage und die erzieherische Haltung zum Thema Lesen jeweils positiv mit der Lesekompetenz korrelieren, weisen die Kosten eine negative Korrelation auf. Den stärksten Zusammenhang zu der familialen Lesesozialisation (dem Betrag nach) zeigt die Variable „erzieherische Haltung zum Thema Lesen" auf.

Die Ergebnisse der multivariaten Analyse zeigen folgendes Bild: Die elterliche Bildung in Kombination mit der Variable „erzieherische Haltung zum Thema Lesen" erklärt im Verhältnis zu den anderen Modellen den größten Anteil der Varianz der familialen Lesesozialisation. Abgesehen vom Gesamtmodell besitzen die anderen Modelle eine sehr geringe Erklärungskraft der Varianz der familialen Lesesozialisation.[70] Im Gesamtmodell zeigt lediglich die erzieherische Haltung zum Thema Lesen einen Einfluss auf die familiale Lesesozialisation.

Damit weist die erzieherische Haltung zum Thema Lesen nicht nur in der bivariaten Analyse den stärksten Zusammenhang zu familialer Lesesozialisation auf, sondern besitzt auch als einzige Variable im Gesamtmodell einen Effekt auf die familiale Lesesozialisation. Hieraus könnte geschlossen werden, dass lediglich die erzieherische Haltung zum Thema Lesen einen Einfluss auf die familiale Lesesozialisation hat.

Beim Vergleich des Gesamtmodells mit dem Basismodell bzw. den Modellen 1 bis 3 erweist sich jedoch eine andere Interpretation als treffender: Der Einbezug der Variable „erzieherische Haltung zum Thema Lesen" in das Gesamtmodell hebt die jeweiligen Effekte der Bildung, der Kosten und der sozialen Klassenlage auf. In anderen Worten gesagt: Die erzieherische Haltung zum Thema Lesen könnte eine vermittelnde Variable zwischen den Variablen „Bildung", „Kosten", „soziale Klassenlage" und „familiale Lesesozialisation" sein. Einen Hinweis, der diese Interpretation stützt, weist das Modell 3 auf, das neben der Bildung auch die erzieherische Haltung zum Thema Lesen einbezieht. Hier zeigt sich, dass der Einbezug der erzieherischen Haltung zum Lesen den Effekt der Bildung auf die familiale Lesesozialisation, im Vergleich zum Basismodell, relativ stark verringert.

Für die einzelnen Variablen und ihren Herleitungskontext bedeuten die Ergebnisse der bivariaten und multivariaten Analyse Folgendes:

Als eine Einflussgröße der familialen Lesesozialisation wurde die elterliche *Bildung* im Forschungsstand der familialen Lesesozialisation (vgl. Kapitel 3) abgeleitet. Der Zusammen-

---

[70] Näheres zur Erklärung des niedrigen Bestimmtheitsmaßes vgl. 8.3.2.1.

hang zwischen „Bildung" und „familiale Lesesozialisation" bestätigte sich in der bivariaten Analyse. Die Ergebnisse der multivariaten Analyse legen die Vermutung nahe, dass ein Effekt der Bildung auf die familiale Lesesozialisation besteht, der jedoch durch die erzieherische Haltung zum Thema Lesen vermittelt wird. Diese Ergebnisse weisen darauf hin, dass die elterliche Bildung einen Einflussfaktor der familialen Lesesozialisation darstellt, wenngleich er in der vorliegenden Arbeit indirekt wirkt. Damit finden sich in meiner Analyse Hinweise darauf, dass die elterliche Bildung die familiale Lesesozialisation beeinflusst, wie es auch in den Studien „Leseklima in der Familie" von Hurrelmann et al. (1993) und „Lesen im Alltag von Jugendlichen" von Bonfadelli/Fritz (1993) dargelegt wurde (vgl. Kapitel 3).

Die subjektiv eingeschätzten *Kosten* der familialen Lesesozialisation ließen sich aus Beckers Humankapitaltheorie als ein Einflussfaktor der familialen Lesesozialisation ableiten. Es wurde angenommen, dass je höher die Erziehungsberechtigten die Kosten familialer Lesesozialisation einschätzen, desto weniger familiale Lesesozialisation betrieben wird. In der bivariaten Analyse bestätigte sich dieser Zusammenhang. Die Ergebnisse der multivariaten Analyse lassen vermuten, dass die Kosten für familiale Lesesozialisation indirekt über die erzieherische Haltung zum Thema Lesen wirken. Dieses Ergebnis führt in eine schon in Kapitel 4.1.3 angedeutete Diskussion über eine humankapitaltheoretische Prämisse. Es ist zu hinterfragen, ob Differenzen in den Familieneinkommen die familiale Lesesozialisation erklären. Es wäre denkbar, dass familiale Lesesozialisation weniger in Verbindung mit rationalem Kalkül zu sehen ist als vielmehr mit der erzieherischen Haltung zum Thema Lesen.

Der positive Einfluss *der sozialen Klassenlage* auf die familiale Lesesozialisation leitete sich aus Bourdieus Reproduktionstheorie ab. Nach Bourdieu könnte die familiale Lesesozialisation für Angehörige einer sozialen Klasse eine Möglichkeit darstellen, inkorporiertes kulturelles Kapital von einer Generation zur anderen zu übertragen. Der Zusammenhang zwischen der sozialen Klasse und der familialen Lesesozialisation stellte sich in der bivariaten Analyse als zutreffend heraus. Die Ergebnisse der multivariaten Analyse lassen vermuten, dass die Transmission von inkorporiertem kulturellem Kapital nicht direkt durch die familiale Lesesozialisation, sondern indirekt über die erzieherische Haltung der Eltern zum Thema Lesen geschieht. Nach Bourdieu bedeutet dies, dass Eltern aus einer höheren sozialen

Klassenlage, eventuell aufgrund ihres hohen kulturellen Kapitals, eine positivere erzieherische Haltung zum Thema Lesen aufweisen als Eltern aus einer niedrigeren sozialen Klasse. Diese Erziehungseinstellung bewirkt eine stärkere familiale Lesesozialisation, die zur Transmission des inkorporierten kulturellen Kapitals führt.

Der positive Einfluss der *erzieherischen Haltung zum Thema Lesen* auf die familiale Lesesozialisation wurde anhand der schichtspezifischen Sozialisationsforschung abgeleitet. Es wurde angenommen, dass je eher Erziehungsberechtigte in der erzieherischen Haltung das Lesen positiv bewerten, desto eher familiale Lesesozialisation betrieben wird. Dieser Zusammenhang bestätigt sich sowohl in der bivariaten als auch in der multivariaten Analyse. Danach kann die erzieherische Haltung zum Thema Lesen als ein Einflussfaktor der familialen Lesesozialisation betrachtet werden. Darüber hinaus lassen die Ergebnisse der multivariaten Analyse vermuten, dass die erzieherische Haltung zum Thema Lesen durch die Bildung, die Kosten (operationalisiert durch das Brutto-Familieneinkommen) und die soziale Klassenlage beeinflusst ist. Dieses Ergebnis bestätigt die Annahme der schichtspezifischen Sozialisationsforschung, wonach die erzieherische Haltung durch die Schichtzugehörigkeit geprägt ist, welche unter anderem durch Einkommen und Bildung festgelegt ist (vgl. Kapitel 4.3.1).

Nach der Diskussion der Einflussfaktoren der familialen Lesesozialisation folgt nun die Beschreibung des Zusammenhangs zwischen verschiedenen Formen der familialen Lesesozialisation und der Lesekompetenz.

Im Forschungsstand der familialen Lesesozialisation wurde anhand der Studie „Leseklima in der Familie", „Lesen im Alltag von Jugendlichen" und „Familie und Lesen" ein positiver Zusammenhang zwischen der familialen Lesesozialisation und der Lesekompetenz angenommen. Als Indikatoren der familialen Lesesozialisation wurden, in Anlehnung an die Studie „Leseklima in der Familie" von Hurrelmann et al. (1993), die *soziale Einbindung*, das *Leseverhalten der Eltern* und *Gespräche sowie prä- und paraliterarische Kommunikation* bestimmt. Darüber hinaus wurden anhand der Definition der Lesesozialisation (vgl. Kapitel 2.1) die Formen der familialen Lesesozialisation um *audiovisuelle Medien* bzw. *Computermedien* erweitert. In der bivariaten Analyse ergab sich für alle fünf Indikatoren der familialen Lesesozialisation ein Zusammenhang zur Lesekompetenz. Jedoch unterschied sich dieser in der

Richtung. Die soziale Einbindung, das Leseverhalten der Eltern und Gespräche sowie prä- und paraliterarische Kommunikation wiesen einen positiven Zusammenhang auf. Die audiovisuellen Medien bzw. Computermedien zeigen einen negativen Zusammenhang zur Lesekompetenz. Den stärksten Zusammenhang (dem Betrag nach) zur Lesekompetenz weist die Variable „Gespräche sowie prä- und paraliterarische Kommunikation" auf, den geringsten (dem Betrag nach) die Variable „audiovisuelle Medien".

Bei Kontrolle des bivariaten Zusammenhangs nach Geschlecht ergaben sich folgende Ergebnisse: Das Leseverhalten der Eltern, Gespräche sowie prä- und paraliterarische Kommunikation und Computermedien zeigen einen verstärkten Zusammenhang zur Lesekompetenz von Jungen. Die soziale Einbindung und audiovisuelle Medien weisen einen verstärkten Zusammenhang zur Lesekompetenz von Mädchen auf. Daraus kann allgemein gefolgert werden, dass – abhängig vom Geschlecht des Kindes – bestimmte Bereiche der familialen Lesesozialisation eine stärkere Wirkung auf die Lesekompetenz haben als andere.

Neben dem Geschlecht wurde der Zusammenhang zwischen der familialen Lesesozialisation und der Lesekompetenz auch bezogen auf den Migrationshintergrund kontrolliert. Dort zeigt sich im Besonderen, dass der Zusammenhang zwischen jeder Form der familialen Lesesozialisation und Lesekompetenz in Familien ansteigt, in denen entweder der Vater oder die Mutter Migrant ist. Der Hintergrund dieses Resultats könnte, wie im vorangehenden Abschnitt beschrieben, die erzieherische Haltung dieser Gruppe zum Thema Lesen sein. Es wäre demnach denkbar, dass Eltern, von denen ein Elternteil nicht in Deutschland geboren ist, das Thema Lesen in der erzieherischen Haltung positiver bewerten als Eltern ohne Migrationshintergrund bzw. Eltern, die beide im Ausland das Licht der Welt erblickten.

Die multivariate Analyse bestätigt in hohem Maße die Ergebnisse der bivariaten Analyse. Die verschiedenen Formen der familialen Lesesozialisation beeinflussen die Lesekompetenz. Während die soziale Einbindung, das Leseverhalten der Eltern, Gespräche sowie prä- und paraliterarische Kommunikation einen positiven Effekt besitzen, stellt sich der Effekt der audiovisuellen Medien und Computermedien negativ dar. Dem Betrag nach weisen Gespräche sowie prä- und paraliterarische Kommunikation den stärksten Effekt dieser Einflussfaktoren auf. Den geringsten Einfluss (dem Betrag nach) zeigen die audiovisuellen Medien. Werden die Einflüsse nach dem Geschlecht, der Geschwisteranzahl, dem Alter und dem Migrationshintergrund kontrolliert, ergeben sich nur geringe Veränderungen.

Für die Vermutung, die familiale Lesesozialisation besitze einen positiven Zusammenhang zur Lesekompetenz, bedeuten die Ergebnisse der bivariaten und multivariaten Analyse Folgendes: Die Hypothese kann in dieser Form nicht akzeptiert werden. Zwar beeinflussen die soziale Einbindung, das Leseverhalten der Eltern und Gespräche sowie prä- und paraliterarische Kommunikation die Lesekompetenz des Kindes positiv, die audiovisuellen Medien bzw. Computermedien weisen jedoch einen negativen Effekt auf.

Zusammengefasst lässt sich zum Einfluss der familialen Lesesozialisation Folgendes festhalten: „Klassische" Lesesozialisationsformen in der Familie wie die soziale Einbindung, das Leseverhalten der Eltern und Gespräche sowie prä- und paraliterarische Kommunikation (vgl. Kapitel 3) besitzen einen positiven Effekt auf die Lesekompetenz. Familiale Lesesozialisation unter Einbezug von audiovisuellen Medien bzw. Computermedien wirkt sich eher negativ auf die Lesekompetenz aus.

9.2 Praktische Konsequenzen und Ausblick

Der Interpretation der Ergebnisse schließt sich die Frage nach deren praktischen Konsequenzen an.

Die Ergebnisse bezüglich der Einflussfaktoren der familialen Lesesozialisation lassen den Schluss zu, dass eine positive erzieherische Haltung zum Thema Lesen die Qualität der familialen Lesesozialisation erhöht.

Es muss also eine Aufgabe der mit der familialen Lesesozialisation befassten wissenschaftlichen Disziplinen sein (Psychologie, Psycholinguistik, Pädagogik, Familienforschung, Hirnforschung), in interdisziplinärer Arbeit Konzepte zu entwickeln, die positiv beeinflussend auf die erzieherische Haltung junger Eltern zum Thema Lesen einwirken.

In vielen Modellprojekten wird dies bereits versucht, der Schwerpunkt liegt dabei bei Kindern mit nicht deutscher Muttersprache und Kindern, die in anregungsarmer familialer Umgebung aufwachsen. Am erfolgreichsten scheinen solche Projekte zu sein, die Eltern in ihrer Sozialisationskompetenz stärken. Dieser Prozess benötigt das Erleben von Bindung, Beziehung und Kommunikation. Beispiele für derartige Projekte und Initiativen finden sich z. B. im Institut für Frühpädagogik in München (www.ifp-bayern.de), in der Initiative „Lesen in Deutschland" (www.lesen-in-deutschland.de) oder in dem Berliner Projekt „Bärenstark".

Die vorliegende Arbeit zeigt nicht nur auf, dass die erzieherische Haltung der Eltern zum Lesen einen hohen Einfluss auf die Entwicklung der Lesekompetenz hat, sondern differenziert auch die verschiedenen Formen der familialen Lesesozialisation nach ihrer Wirksamkeit. Die soziale Einbindung, das Leseverhalten der Eltern und Gespräche sowie prä- und paraliterarische Kommunikation beeinflussen die Lesekompetenz positiv, audiovisuelle Medien bzw. Computermedien bewirken das Gegenteil. Nicht jede Form der familialen Lesesozialisation beeinflusst also die Lesekompetenz positiv. Gewisse Formen der familialen Lesesozialisation sind zudem bei Jungen wirksamer als bei Mädchen.

Eltern benötigen nicht nur eine Stärkung ihrer erzieherischen Haltung zum Thema Lesen, sondern auch Informationen und Anleitungen zu möglichen wirksamen Formen der Leseförderung in der Familie. In Kindertageseinrichtungen (Krippen, Vorschulen, Kindergärten) und anderen Frühfördereinrichtungen können Eltern mit einbezogen und im Prozess der familialen Lesesozialisation begleitet und gestärkt werden. Auch in der Erziehungs- bzw. Familienberatung und in so genannten Elternschulen bzw. Elternstiftungen könnten Eltern Unterstützung bezüglich ihrer Kompetenzen in der familialen Lesesozialisation finden.

Die in der vorliegenden Forschungsarbeit diskutierten Erkenntnisse über das Phänomen der familialen Lesesozialisation öffnet auch den Blick für weitere Fragestellungen.

Es wäre interessant zu beleuchten, welche Formen der familialen Lesesozialisation sich bei Kindern mit nicht deutscher Muttersprache positiv auf die Entwicklung der Lesekompetenz auswirken. Dieser Forschungsschwerpunkt könnte zu aufschlussreichen Ergebnissen führen, die zur Förderung der Integration von Migrantenkindern beitragen könnte.

Hilfreich wäre sicherlich auch eine Längsschnittbeobachtung, die Kinder vom Kindergartenalter bis zum Ende der Schulzeit betrachtet. Hier könnte der Langzeiteffekt verschiedener Einflussfaktoren auf die Entwicklung der Lesekompetenz untersucht werden, unter anderem die Lesesozialisation in der Familie, in der Schule und in Bezug zu Gleichaltrigengruppen.

Über die Analyse des Zusammenhangs zwischen der familialen Lesesozialisation und der Lesekompetenz hinaus könnte auch der Einfluss der familialen Lesesozialisation auf die Schreibkompetenz interessant sein. Es ist anzunehmen, dass neben der Lesekompetenz auch die Schreibkompetenz eine Schlüsselqualifikation darstellt, die durch die familiale Lesesozialisation beeinflusst ist.

Literaturverzeichnis

Abrahams, Frederick F., und Ingrid N. Sommerkorn, 1976: Arbeitswelt, Familienstruktur und Sozialisation. S. 70-89 in: Klaus Hurrelmann (Hrsg.), Sozialisation und Lebenslauf. Reinbek: Rowohlt.

Anderson, D. R. et al., 1985: Estimates of Young Children's Time with Television: Methodological Comparison of Parent Reports with Time-lapse Video Home Observation. Child Development 56: 1345-1357.

Artelt, Cordula et al., 2001a: Lesekompetenz: Testkonzeption und Ergebnisse. S. 69-137 in: Jürgen Baumert et al. (Hrsg.), PISA 2000. Basiskompetenzen von Schülerinnen und Schülern im internationalen Vergleich. Opladen: Leske & Budrich.

Artelt, Cordula et al., 2001b: PISA 2000 – Zusammenfassung zentraler Befunde. Online im Internet: URL:http://www.mpib-berlin.mpg.de/pisa/ergebnisse.pdf [Stand 23.02.2006]

Ausubel, David P. et al., 1954: Perceived Parental Attitudes as Determinants of Children's Egostructure. Child Development 25: 173-183.

Backhaus, Klaus et al., 2003: Multivariate Analysemethoden. Berlin, Heidelberg und New York: Springer-Verlag.

Baumert, Jürgen et al. (Hrsg.), 2001: PISA 2000. Basiskompetenzen von Schülerinnen und Schülern im internationalen Vergleich. Opladen: Leske & Budrich.

Baumert, Jürgen, Wilfried Bos und Rainer Lehmann (Hrsg.), 2000a: TIMSS/III – Dritte internationale Mathematik- und Naturwissenschaftsstudie – Mathematische und naturwissenschaftliche Bildung am Ende der Schullaufbahn. Band 1: Mathematische und naturwissenschaftliche Grundbildung am Ende der Pflichtschulzeit. Opladen: Leske & Budrich.

Baumert, Jürgen, Wilfried Bos und Rainer Lehmann (Hrsg.), 2000b: TIMSS/III – Dritte internationale Mathematik- und Naturwissenschaftsstudie – Mathematische und naturwissenschaftliche Bildung am Ende der Schullaufbahn. Band 2: Mathematische und physikalische Kompetenzen am Ende der gymnasialen Oberstufe. Opladen: Leske & Budrich.

Baumert, Jürgen, Rainer Lehmann und Manfred Lehrke, 1997: TIMSS – Mathematisch-naturwissenschaftlicher Unterricht im internationalen Vergleich: Deskriptive Befunde. Opladen: Leske & Budrich.

Baumert, Jürgen, Petra Stanat und Anke Demmrich, 2001: PISA 2000: Untersuchungsgegenstand, theoretische Grundlage und Durchführung der Studie. S. 15-68 in: Jürgen Baumert et al. (Hrsg.), PISA 2000. Basiskompetenzen von Schülerinnen und Schülern im internationalen Vergleich. Opladen: Leske & Budrich.

Baumert, Jürgen, und Gundel Schümer, 2001: Familiäre Lebensverhältnisse, Bildungsbeteiligung und Kompetenzerwerb. S. 323-407 in: Jürgen Baumert et al. (Hrsg.), PISA 2000. Basiskompetenzen von Schülerinnen und Schülern im internationalen Vergleich. Opladen: Leske & Budrich.

Becker, Gary S., 1962: Investment in Human Capital: A Theoretical Analysis. The Journal of Political Economy 70 (5), Teil 2: 9-49.

Becker, Gary S., 1991: A Treatise on the Family. Cambridge: Harvard University Press.

Becker, Gary S., 1993/1964: Human Capital. A Theoretical and Empirical Analysis with Special Reference to Education. Chicago, London: University of Chicago Press.

Bernstein, Basil, 1971: Der Unfug mit der „kompensatorischen" Erziehung. S. 21-36 in: b:e-Redaktion (Hrsg.), Familienerziehung, Sozialschicht und Schulerfolg. Weinheim, Berlin, Basel: Julius Beltz Verlag.

Bertram, Hans, 1976: Probleme einer sozialstrukturell orientierten Sozialisationsforschung. Zeitschrift für Soziologie 5 (2): 103-117.

Bertram, Hans, 1981: Sozialstruktur und Sozialisation. Zur mikroanalytischen Analyse von Chancenungleichheit. Soziologische Texte 121. Darmstadt: Luchterhand.

Bertschi-Kaufmann, Andrea, Wassilis Kassis und Hansjakob Schneider, 2004: Literale und mediale Sozialisation – Übereinstimmung und Abweichung. S. 23-40 in: Andrea Bertschi-Kaufmann, Wassilis Kassis und Peter Sieber, Mediennutzung und Schriftlernen. Weinheim. München: Juventa Verlag.

Bleymüller, Josef, Günther Gehlert und Herbert Gülicher, 2002: Statistik für Wirtschaftswissenschaftler. München: Verlag Franz Vahlen.

Bonfadelli, Heinz, und Angela Fritz, 1993: Lesen im Alltag von Jugendlichen. S. 7-213 in: Heinz Bonfadelli, Angela Fritz und Renate Köcher, Leseerfahrungen und Lesekarrieren. Studien der Bertelsmann Stiftung. Gütersloh: Verlag Bertelsmann Stiftung.

Bonfadelli, Heinz, 1988: Das Leseverhalten von Kindern und Jugendlichen. Zürich: Schweizerisches Jugendbuch-Institut.

Bortz, Jürgen, und Nicola Döring, 1995: Forschungsmethoden und Evaluation für Sozialwissenschaftler. Berlin: Springer Verlag.

Bortz, Jürgen, und Nicola Döring, 2002: Forschungsmethoden und Evaluation für Sozialwissenschaftler. Berlin: Springer Verlag.

Bos, Wilfried et al. (Hrsg.), 2003: IGLU. Erste Ergebnisse aus IGLU. Schülerleistungen am Ende der vierten Jahrgangsstufe im internationalen Vergleich. Münster: Waxmann Verlag.

Bos, Wilfried et al. (Hrsg.), 2004a: IGLU. Einige Länder der Bundesrepublik Deutschland im nationalen und internationalen Vergleich. Münster: Waxmann Verlag.

Bos, Wilfried et al., 2004b: Lesekompetenzen am Ende der vierten Jahrgangsstufe in einigen Ländern der Bundesrepublik Deutschland im nationalen und internationalen Vergleich. S. 49-92 in: Bos, Wilfried et al. (Hrsg.), IGLU. Einige Länder der Bundesrepublik Deutschland im nationalen und internationalen Vergleich. Münster: Waxmann Verlag.

Bos, Wilfried et al. (Hrsg.), 2005: IGLU. Skalenhandbuch zur Dokumentation der Erhebungsinstrumente. Münster: Waxmann Verlag.

Böttcher, Wolfgang, 1985: Ungleichheit im Bildungswesen. Bochum: Schallwig.

Böttcher, Wolfgang, 1991: Soziale Auslese im Bildungswesen. Ausgewählte Daten des Mikrozensus 1989. Deutsche Schule 83: 151-161.

Bourdieu, Pierre, und Jean-Claude Passeron, 1971: Die Illusion der Chancengleichheit. Stuttgart: Klett.

Bourdieu, Pierre, 1973: Kulturelle Reproduktion und soziale Reproduktion. S. 88-137 [Teil 2] in: Pierre Bourdieu, Grundlagen einer Theorie der symbolischen Gewalt. Frankfurt am Main: Suhrkamp.

Bourdieu, Pierre, 1981: Klassenschicksal, individuelles Handeln und das Gesetz der Wahrscheinlichkeit. S. 169-226 in: Pierre Bourdieu, Luc Boltanski und Monique de Saint-Martin (Hrsg.), Titel und Stelle. Über die Reproduktion sozialer Macht. Frankfurt am Main: Europäische Verlagsanstalt.

Bourdieu, Pierre, 1983: Ökonomisches Kapital, kulturelles Kapital, soziales Kapital. S. 183-198 in: Reinhard Kreckel (Hrsg.), Soziale Ungleichheiten. Sonderband 2 der Sozialen Welt. Göttingen: Otto Schwartz.

Bourdieu, Pierre, 1987: Sozialer Sinn. Kritik der theoretischen Vernunft. Frankfurt am Main: Suhrkamp.

Bourdieu, Pierre, 1993: Soziologische Fragen. Frankfurt am Main: Suhrkamp.

Braun, Barbara, 1995: Vorläufer der literarischen Sozialisation in der frühen Kindheit – eine entwicklungspsychologische Fallstudie. Frankfurt am Main: Lang.

Braun, Norman, 2004: Skript zur Vorlesung „Multivariate Analyseverfahren". München: Institut für Soziologie.

Breuer, Helmut, und Maria Weuffen, 1998: Zum Schereneffekt in der Wortschatzentwicklung. Die neue Sonderschule 43 (6): 418-432.

Bronfenbrenner, Urie, 1979: The Ecology of Human Development: Experiments by Nature and Design. Cambridge, MA: Harvard University Press.

Bronfenbrenner, Urie, 1993: The Ecology of Cognitive Development: Research Models and Fugitive Findings. S. 3-44 in: Robert H. Wozniak und Kurt W. Fisher (Hrsg.), Development in Context: Acting and Thinking in Specific Environments. Hillsdale, NJ: Erlbaum.

Brosius, Hans-Bernd, und Friederike Koschel, 2001: Methoden der empirischen Kommunikationsforschung. Wiesbaden: Westdeutscher Verlag.

Bruner, Jerome S., und Anat Z. Ninio, 1978: The Achivement and Antecedents of Labelling. Journal of Child Language 5: 1-15.

Bruner, Jerome S., 1987: Wie das Kind sprechen lernt. Bern, Stuttgart, Toronto: Verlag Hans Huber.

Bühl, Achim, und Peter Zöfel, 2002: SPSS 11. Einführung in die moderne Datenanalyse unter Windows. München: Pearson Studium.

Bundesregierung (Hrsg.), 2006: Kinder brauchen frühe Förderung. Online im Internet: URL:http://www.bundesregierung.de/E-Magazin-Beitrag/,-999661/ dokument.print.htm [Stand: 02.06.2006]

Burkart, Gerhard, 1975: Frühkindliche Erziehung – Erziehung vor der Schule. Donauwörth: Verlag Ludwig Auer.

Campbell, Jay R. et al., 2001: Framework and Specifications for PIRLS Assessment 2001. Chestnut Hill, MA: Boston College.

Cox, S.H., 1970: Intrafamily Comparison of Loving-Rejecting Child-Rearing Practices. Child Development 41: 437-448.

Diekmann, Andreas, 1999: Empirische Sozialforschung. Grundlagen, Methoden, Anwendungen. Reinbek: Rowohlt Taschenbuch Verlag.

Dijk, Teun A. van, und Walter Kintsch, 1983: Strategies of Discourse Comprehension. New York: Academic Press.

Eggert, Hartmut, und Christine Garbe, 2003: Literarische Sozialisation. Stuttgart, Weimar: J.B. Metzler.

Ennemoser, Marco et al., 2003: Fernsehkonsum und die Entwicklung von Sprach- und Lesekompetenzen im frühen Grundschulalter. Eine empirische Überprüfung der SÖS-Mainstreaming-Hypothese. Zeitschrift für Entwicklungspsychologie und Pädagogische Psychologie 35 (1): 12-26.

Erikson, Robert, John H. Goldthorpe und Lucienne Portocarero, 1979: Intergenerational Class Mobility in Three Western European Societies: England, France and Sweden. British Journal of Sociology 30: 413-439.

Fox, John, 1991: Regression Diagnostics: An Introduction. Newbury Park, CA: Sage.

Gilberg, Reiner, Doris Hess und Helmut Schröder, 2001: Struktur der Arbeitslosigkeit im Frühjahr 2000: Suchverhalten und Eingliederungschancen. Mitteilungen aus der Arbeitsmarkt- und Berufsforschung. Online im Internet: URL:http://doku.iab.de/mittab/2001/2001_4_MittAB_Gilberg_Hess_Schroeder.pdf [Stand: 31.05.2006]

Gonzalez, E.J., und A.M. Kennedy (Hrsg.), 2003: PIRLS 2001 User Guide for the International Database: Supplement One. International Version of the Background Questionnaires. Online im Internet: URL:http://timss.bc.edu/pirls2001i/pdf/Supplement_1.pdf [Stand: 29.12.2005]

Graaf, Paul M. de, 1988: Parents' Financial and Cultural Resources, Grades, and Transition to Secondary School in the Federal Republic of Germany. European Sociological Review 4: 209-221.

Groeben, Norbert, 2004: (Lese-) Sozialisation als Ko-Konstruktion – Methodisch-methodologische Problem-(Lösungs-)Perspektiven. S. 145-168 in: Norbert Groeben und Bettina Hurrelmann (Hrsg.), Lesesozialisation in der Mediengesellschaft. Weinheim, München: Juventa.

Grundmann, Matthias, 1994: Das „Scheitern" der sozialstrukturellen Sozialisationsforschung oder frühzeitiger Abbruch einer fruchtbaren Diskussion? Zeitschrift für Sozialisationsforschung und Erziehungssoziologie 14 (2): 163-186.

Helberger, Christof, und Helene Palamidis, 1989: Der Beitrag der Humankapitaltheorie zur Erklärung der Bildungsnachfrage. S. 205-220 in: Peter A. Döring, Horst Weishaupt und Manfred Weiß (Hrsg.), Bildung aus sozioökonomischer Sicht. Festschrift für Hasso von Recum zum 60. Geburtstag. Köln: Böhlau.

Henz, Ursula, 1996: Intergenerationale Mobilität. Methodische und empirische Untersuchungen. Berlin: Max-Planck-Institut für Bildungsforschung.

Herrnstein, Richard J., und Charles Murray, 1994: The Bell Curve: Intelligence and Class Structure in American Life. New York: Free Press.

Hillmann, Karl-Heinz, 1994: Wörterbuch der Soziologie. Stuttgart: Alfred Kröner Verlag.

Hoffmeyer-Zlotnik, Jürgen H.P., 2003: „Stellung im Beruf" als Ersatz für eine Berufsklassifikation zur Ermittlung von sozialem Prestige. ZUMA-Nachrichten 53: 114-127. Online im Internet: URL:http://www.gesis.org/Publikationen/Zeitschriften/ZUMA_Nachrichten/docu ments/pdfs/53/11_Hoffmeyer.pdf [Stand 03.06.2006]

Holler, Doris, 2002: Außerschulische Förderung von Sprache und kommunikativen Fähigkeiten im Grundschulalter. S. 110-172 in: Deutsches Jugendinstitut (Hrsg.), Sprachförderung im Vor- und Grundschulalter. Konzepte und Methoden für den außerschulischen Bereich. München: Verlag Deutsches Jugendinstitut.

Hurrelmann, Bettina, Michael Hammer und Ferdinand Nieß, 1993: Leseklima in der Familie. Eine Studie der Bertelsmann Stiftung. Gütersloh: Verlag Bertelsmann Stiftung.

Hurrelmann, Bettina, 1997: Familie und Schule als Instanzen der Lesesozialisation. S. 125-147 in: Christine Garbe et al. (Hrsg.), Lesen im Wandel. Probleme der literarischen Sozialisation heute. Lüneburg: Universität Lüneburg.

Hurrelmann, Bettina, 1999: Sozialisation: (individuelle) Entwicklung, Sozialisationstheorien, Enkulturation, Mediensozialisation, Lesesozialisation (-erziehung), literarische Sozialisation. Kölner Psychologische Studien IV (1): 105-115.

Hurrelmann, Bettina, 2004a: Sozialisation der Lesekompetenz. S. 37-60 in: Ulrich Schiefele, Cordula Artelt und Wolfgang Schneider (Hrsg.), Struktur, Entwicklung und Förderung von Lesekompetenz. Vertiefende Analysen im Rahmen von PISA 2000. Wiesbaden: VS Verlag für Sozialwissenschaften.

Hurrelmann, Bettina, 2004b: Informelle Sozialisationsinstanz Familie. S. 169-201 in: Norbert Groeben und Bettina Hurrelmann (Hrsg.), Lesesozialisation in der Mediengesellschaft. Weinheim, München: Juventa.

Institut für Schulentwicklungsforschung (Hrsg.), ohne Datum: Internationale Grundschule-Lese-Untersuchung – IGLU/IGLU-E 2006. Online im Internet: URL:http://www.fb12.uni-dortmund.de/institute/ifs/index.php?module= Pagesetter&func=viewpub&tid=13&pid=62&func=viewpub&tid=13&pid=62 [Stand 02.06.2006]

Jäger, Reinhold S., und Franz Petermann, 1995: Psychologische Diagnostik. Ein Lehrbuch. Weinheim: Psychologie Verlags Union.

Jensen, Arthur R., 1973: Wie sehr können wir Intelligenzquotient und schulische Leistung steigern? S. 63-155 in: Helmut Skowronek (Hrsg.), Umwelt und Begabung. Stuttgart: Klett.

Kalthoff, Herbert, 2004: Schule als Performanz. Anmerkungen zum Verhältnis von neuer Bildungsforschung und der Soziologie Pierre Bourdieus. S. 115-140 in: Stefanie Engler und Beate Krais (Hrsg.), Das kulturelle Kapital und die Macht der Klassenstrukturen. München: Juventa.

Kemmler, Lilly, 1975: Erfolg und Versagen in der Grundschule. Empirische Untersuchungen. Göttingen: Hogrefe Verlag.

Kirsch, Irwin S., und Peter B. Mosenthall, 1989-1991: Understanding Documents. A Monthly Column Appearing in the Journal of Reading. Newark, DE: International Reading Association.

Klann-Delius, Gisela, 1999: Spracherwerb. Stuttgart, Weimar: Metzler.

Kmenta, Jan, 1997: Elements of Econometrics. Michigan: University of Michigan Press.

Köcher, Renate, 1988: Familie und Lesen. Eine Untersuchung über den Einfluss des Elternhauses auf das Leseverhalten. (Archiv für Soziologie und Wirtschaftsfragen des Buchhandels, Bd. LXIII). Frankfurt am Main: Buchhändler Vereinigung.

Kohler, Ulrich, und Frauke Kreuter, 2001: Datenanalyse mit Stata. München: Oldenbourg Verlag.

Krais, Beate, 1981: Einleitung. S. 7-21 in: Pierre Bourdieu et al. (Hrsg.), Titel und Stelle. Über die Reproduktion sozialer Macht. Frankfurt am Main: Europäische Verlagsanstalt.

Krais, Beate, 1983: Bildung als Kapital: Neue Perspektiven für die Analyse der Sozialstruktur? S. 199-220 in: Reinhard Kreckel (Hrsg.), Soziale Ungleichheiten (Sonderband 2 der Sozialen Welt). Göttingen: Otto Schwartz.

Krais, Beate, 1994: Erziehungs- und Bildungssoziologie. S. 556-776 in: Harald Kerber und Arnold Schmieder (Hrsg.), Spezielle Soziologien. Reinbek: Rowohlt.

Krais, Beate, 1996: Bildungsexpansion und soziale Ungleichheit in der Bundesrepublik Deutschland. S. 118-146 in: Axel Bolder, Walter R. Heinz und Klaus Rodax (Hrsg.), Die Wiederentdeckung der Ungleichheit. Aktuelle Tendenzen in Bildung und Arbeit. Jahrbuch '96 Bildung und Arbeit. Opladen: Leske & Budrich.

Krecker, Lothar, 1988: Beiträge zur Bildungssoziologie. Pfaffenweiler: Centaurus-Verlagsgesellschaft.

Kristen, Cornelia, 1999: Bildungsentscheidungen und Bildungsungleichheit – ein Überblick über den Forschungsstand. Arbeitspapier Nr. 5. Mannheim: Mannheimer Zentrum für Europäische Sozialforschung.

Kühn, Rolf, 1983: Bedingungen für Schulerfolg. Zusammenhänge zwischen Schülermerkmalen, häuslicher Umwelt und Schulnoten. Göttingen, Toronto, Zürich: Hogrefe Verlag.

Kühnel, Steffen M., und Dagmar Krebs, 2001: Statistik für die Sozialwissenschaften. Grundlagen, Methoden, Anwendungen. Hamburg: Rowohlt.

Lehmann, Rainer H. et al., 2004: LAU 11. Aspekte der Lernausgangslage und der Lernentwicklung Klassenstufe 11. Online im Internet: URL:http://www.hamburger-bildungsserver.de/schulentwicklung/welcome. phtml?rechts= /schulentwicklung/lau/welcome.htm [Stand 03.06.2006]

Mayer, Karl Ulrich, 1979: Berufliche Tätigkeit, berufliche Stellung und beruflicher Status – empirische Vergleiche zum Klassifikationsproblem. S. 79-123 in: Franz Urban Pappi (Hrsg.), Sozialstrukturanalysen mit Umfragedaten. Königsstein im Taunus: Athenäum Verlag.

Mincer, Jacob, 1962: On-the-job Training: Costs, Returns and some Implications. Journal of Political Economy 70 (5): 50-79.

Mislevy, Robert J. et al., 1992: Estimation Population Characteristics from Sparse Matrix of Item Responses. Journal of Educational Measurement 29(2): 133-161.

Muller, Chandra, 1993: Parent Involvement and Academic Achievement: An Analysis of Family Resources Available to the Child. S. 77-114 in: Barbara Schneider und James S. Coleman (Hrsg.), Parents, Their Children, and Schools. San Francisco: Boulder.

Nauck, Bernhard, und Heike Diefenbach, 1997: Bildungsbeteiligung von Kindern und Familien ausländischer Herkunft. Eine methodenkritische Diskussion des Forschungsstands und eine empirische Bestandsaufnahme. S. 289-307 in: Folker Schmidt (Hrsg.), Methodische Probleme der empirischen Erziehungswissenschaft. Baltmannsweiler: Schneider.

Oevermann, Ulrich et al., 1976: Die sozialstrukturelle Einbettung von Sozialisationsprozessen. Empirische Ergebnisse zur Ausdifferenzierung des globalen Zusammenhangs von Schichtzugehörigkeit, gemessener Intelligenz sowie Schulerfolg. Zeitschrift für Soziologie 5 (2): 167-199.

Reinsch, Christiane, Marco Ennemoser und Wolfgang Schneider, 1999: Die Tagebuchmethode zur Erfassung kindlicher Freizeit- und Mediennutzung. Siegener Periodicum zur Internationalen Empirischen Literaturwissenschaft 18 (1): 55-71.

Riedwyl, Hans, und Mathias Ambühl, 2000: Statistische Auswertungen mit Regressionsprogrammen. München: Oldenbourg Verlag.

Rodax, Klaus, und Norbert Spitz, 1978: Sozialstatus und Schulerfolg. Heidelberg: Quelle & Meyer.

Rolff, Hans-Günther, 1997/1967: Sozialisation und Auslese durch die Schule. 10 überarbeitete Auflage. Weinheim: Juventa.

Rost, Jürgen, 1999: Was ist aus dem Rasch-Modell geworden? Psychologische Rundschau 50: 140-156.

Scheerer-Neumann, Gerheid, 1997: Was lernen Kinder beim Schriftspracherwerb außer Lesen und Schreiben? S. 86-93 in: Heiko Balhorn und Heide Niemann (Hrsg.), Sprachen werden Schrift. Mündlichkeit – Schriftlichkeit – Mehrsprachigkeit. Lengwil: Libelle.

Schimpl-Neimanns, Bernhard, 2000: Hat die Bildungsexpansion zum Abbau der sozialen Ungleichheit in der Bildungsbeteiligung geführt? Methodische Überlegungen zum Analyseverfahren und Ergebnisse multinomialer Logit-Modelle für den Zeitraum 1950-1989. Online im Internet: URL:http://www.gesis.org/Publikationen/Berichte/ZUMA_Arbeitsberichte/00/00_02.pdf [Stand 28.04.2006]

Schnell, Rainer, Paul B. Hill und Elke Esser, 2005: Methoden der empirischen Sozialforschung. München: Oldenbourg Wissenschaftsverlag.

Schultz, Theodore W., 1961: Investment in Human Capital. American Economic Review 51: 1-17.

Schwippert, Knut, Wilfried Bos und Eva-Maria Lankes, 2003: Heterogenität und Chancengleichheit am Ende der vierten Jahrgangsstufe im internationalen Vergleich. S. 265-302 in: Wilfried Bos et al. (Hrsg.), IGLU. Erste Ergebnisse aus IGLU. Schülerleistungen am Ende der vierten Jahrgangsstufe im internationalen Vergleich. Münster: Waxmann Verlag.

Sesselmeier, Werner, und Gregor Blauermel, 1990: Arbeitsmarkttheorien. Heidelberg: Physica.

Smith, Adam, 1976/1776: An Inquiry into the Nature and Causes of the Wealth of Nations. Chicago: University of Chicago Press.

Stanat, Petra, und Mareike Kunter, 2001: Geschlechterunterschiede in Basiskompetenzen. S. 251-269 in: Jürgen Baumert et al. (Hrsg.), PISA 2000. Basiskompetenzen von Schülerinnen und Schülern im internationalen Vergleich. Opladen: Leske & Budrich.

Szagun, Gisela, 1993: Sprachentwicklung beim Kind – Eine Einführung. Weinheim: Psychologie Verlags Union.

Thomas, William Isaac, und Dorothy Swaine Thomas, 1928: The Child in America. Behavior Problems and Programs. New York: Knopf.

Tiedemann, Joachim, 1978: Leistungsversagen in der Schule. München, Basel: Ernst Reinhardt Verlag.

Tillmann, Klaus-Jürgen, 1997: Sozialisationstheorien. Eine Einführung in den Zusammenhang von Gesellschaft, Institution und Subjektentwicklung. Reinbek: Rowohlt.

Walter, Heinz, 1973: Einleitung oder Auf der Suche nach einem sozialisationstheoretischen Konzept. S. 13-65 in: Heinz Walter (Hrsg.), Sozialisationsforschung. Band 1. Stuttgart: Frommann.

Wieler, Petra, 1997: Vorlesen in der Familie. Fallstudien zur literarisch-kulturellen Sozialisation von Vierjährigen. Weinheim, München: Juventa.

Youniss, James, 1994: Soziale Konstruktion und psychische Entwicklung. Frankfurt am Main: Suhrkamp.

Abbildungsverzeichnis

Tabellenverzeichnis

Abkürzungsverzeichnis

BLUE	Best Linear Unbiased Estimators
bzw.	beziehungsweise
d. h.	das heißt
EGP-Klassen	Klassifikationsindex nach Erikson/Goldthorpe/Portocarero (1979)
H	Hypothese
IEA	International Association for the Evaluation of Educational Achievement
IGLU	Internationale Grundschul-Lese-Untersuchung
ISCED	International Standard Classification of Education
K	Anzahl der Beobachtungen
LASS	Language Acquisition Support System
LAU	die Untersuchung „Aspekte der Lernausgangslage und der Lernentwicklung"
N	Fallzahl
OLS	Ordinary Least Squares
p	Signifikanzniveau
PIRLS	Progress in International Reading Literacy Study
PISA	Programme for International Student Assessment
TIMSS	Third International Mathematics and Science Study
z. B.	zum Beispiel

Anhang

Anhang I: Schülerfragebogen der PIRLS-Studie
(Gonzalez/Kennedy 2003: 35-38)

Anhang II: Elternfragebogen der PIRLS-Studie
(Gonzalez/Kennedy 2003: 59-74)

Anhang III: Ein Lesetext, der zur Erhebung der Lesekompetenz in der
IGLU-Studie angewendet wurde (Bos et al. 2005: 441-444)

Anhang IV: Textaufgaben zum Lesetext „Der Hase kündigt das
Erdbeben an", die verschiedene Dimensionen der
IGLU-Lesekompetenz erfassen (Bos et al. 2005: 445-455)

Anhang V: Korrelationsmatrix der unabhängigen Variablen der familialen
Lesesozialisation

Anhang VI: Korrelationsmatrix der unabhängigen Variablen bzw.
Kontrollvariablen der Lesekompetenz

Anhang VII: Kollinearitätsstatistik der unabhängigen Variablen der
familialen Lesesozialisation

Anhang VIII: Kollinearitätsstatistik der unabhängigen Variablen bzw.
Kontrollvariablen der Lesekompetenz

Anhang I: Schülerfragebogen der PIRLS-Studie
(Gonzalez/Kennedy 2003: 35-58)

Identification Label

Student ID:

Student Name:

Student *Questionnaire*

Main Survey 2001

PIRLS

IEA
Progress in
International Reading
Literacy Study

<PIRLS National Research
Center Name>
<Address>

Directions

In this booklet, you will find questions about you and what you think. For each question, you should choose the answer you think is best.

Let us take a few minutes to practice the kinds of questions you will answer in this booklet.

Example 1 is one kind of question you will find in this booklet.

Example 1 ─────────────────

Do you go to school?

*Fill **one** circle only.*

Yes -- ○

No -- ○

Example 2 is another kind of question you will find in this booklet.

Example 2 ─────────────────

How often do you do these things?

*Fill **one** circle for each line.*

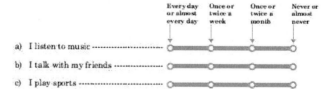

	Every day or almost every day	Once or twice a week	Once or twice a month	Never or almost never
a) I listen to music	○	○	○	○
b) I talk with my friends	○	○	○	○
c) I play sports	○	○	○	○

Student Questionnaire

Example 3 is another kind of question you will find in this booklet.

Example 3 ━━━━━━━━━━━━━━━

What do you think? Tell how much you agree with these statements.

*Fill **one** circle for each line.*

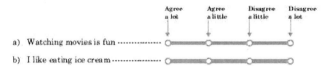

a) Watching movies is fun ⋯⋯⋯⋯⋯⋯

b) I like eating ice cream ⋯⋯⋯⋯⋯⋯

Read each question carefully, and pick the answer you think is best. Fill in the circle next to or below your answer. If you decide to change your answer, erase your first answer and then fill in the circle next to or under your new answer. Ask for help if you do not understand something or are not sure how to answer.

About you

1

Are you a girl or a boy?

Girl -- ○

Boy -- ○

2

When were you born?

Fill the circle next to the month and year you were born.

a) Month	b) Year
January -- ○	1988 -- ○
February -- ○	1989 -- ○
March -- ○	1990 -- ○
April -- ○	1991 -- ○
May -- ○	1992 -- ○
June -- ○	1993 -- ○
July -- ○	1994 -- ○
August -- ○	1995 -- ○
September -- ○	Other -- ○
October -- ○	
November -- ○	
December -- ○	

Things you do outside of school

3

How often do you do these things outside of school?

*Fill **one** circle for each line.*

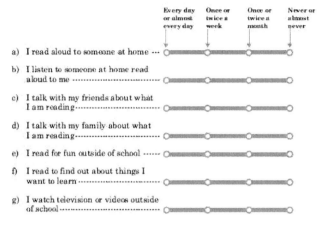

	Every day or almost every day	Once or twice a week	Once or twice a month	Never or almost never
a) I read aloud to someone at home	○	○	○	○
b) I listen to someone at home read aloud to me	○	○	○	○
c) I talk with my friends about what I am reading	○	○	○	○
d) I talk with my family about what I am reading	○	○	○	○
e) I read for fun outside of school	○	○	○	○
f) I read to find out about things I want to learn	○	○	○	○
g) I watch television or videos outside of school	○	○	○	○

109

4 _____

How often do you read these things outside of school?

*Fill **one** circle for each line.*

	Every day or almost every day	Once or twice a week	Once or twice a month	Never or almost never
a) I read comic books	○	○	○	○
b) I read stories or novels	○	○	○	○
c) I read books that explain things *(You might read about your favorite athlete, about animals you like, or a place you visited.)*	○	○	○	○
d) I read magazines	○	○	○	○
e) I read newspapers	○	○	○	○
f) I read directions or instructions *(You might read them to put a toy together, to learn how to play a game, or to do something else.)*	○	○	○	○
g) <I read subtitles on the television screen>	○	○	○	○
h) <country-specific>	○	○	○	○

5 _____

How often do you borrow books from your school or local library to read <u>for fun</u>?

*Fill **one** circle only.*

At least once a week -- ○

Once or twice a month -- ○

Never or almost never -- ○

6 _____

About how much time do you spend watching television or videos outside of school on a normal school day?

*Fill **one** circle only.*

No time -- ○

Up to 1 hour -- ○

From 1 hour up to 3 hours -- ○

From 3 hours up to 5 hours -- ○

5 hours or more -- ○

R eading in school

7

In school, how often do these things happen?

*Fill **one** circle for each line.*

In school ...	Every day or almost every day	Once or twice a week	Once or twice a month	Never or almost never
a) my teacher reads aloud to the class	○	○	○	○
b) I read aloud to the whole class	○	○	○	○
c) I read aloud to a small group of students in my class	○	○	○	○
d) I read silently on my own	○	○	○	○
e) I read along silently while other students read aloud	○	○	○	○
f) I read books that I choose myself	○	○	○	○

Student *Questionnaire*

112

8 _____

After you have read something in class, how often do you do these things?

*Fill **one** circle for each line.*

	Every day or almost every day	Once or twice a week	Once or twice a month	Never or almost never

After I have read something in class ...

a) I answer questions in a workbook or on a worksheet about what I have read ······································· ○——○——○——○

b) I write something about what I have read *(for example, a summary, a story, or how I felt about what I read)* ··················· ○——○——○——○

c) I answer questions aloud that my teacher asks about what I have read ··· ○——○——○——○

d) I talk with other students about what I have read ······················· ○——○——○——○

e) I draw pictures or do an art project about what I have read ············· ○——○——○——○

f) I act in a play or drama about what I have read ······························· ○——○——○——○

g) I do a group project with other students in the class about what I have read ······································· ○——○——○——○

h) I take a written quiz or test about what I have read ······················· ○——○——○——○

Reading for homework

9

How often does your teacher give you reading to do for homework (for any subject)?

*Fill **one** circle only.*

I never have reading to do
for homework -- ○

Less than once a week -- ○

1 or 2 times a week -- ○

3 or 4 times a week -- ○

Every day -- ○

10

On days when you have reading to do for homework (for any subject), how much time do you spend on this reading?

*Fill **one** circle only.*

I never have reading to do
for homework -- ○

Half hour or less -- ○

Between a half hour and 1 hour -- ○

1 hour or more -- ○

Student Questionnaire

114

Things you do on a computer

11

Do you ever use a computer?

(Do not include Nintendo®, GameBoy®, or other TV/video game computers.)

Yes -- ○   No -- ○
(If No, go to #12)

If Yes...

11a. How often do you use a computer in each of these places?

*Fill **one** circle for each line.*

	Every day or almost every day	Once or twice a week	Once or twice a month	Never or almost never
a) I use a computer at home	○	○	○	○
b) I use a computer at school	○	○	○	○
c) I use a computer at some other place	○	○	○	○

11b. How often do you do these things with a computer?

*Fill **one** circle for each line.*

	Every day or almost every day	Once or twice a week	Once or twice a month	Never or almost never
a) I play computer games	○	○	○	○
b) I use the computer to write reports or stories	○	○	○	○
c) I use the computer to look up information (Internet, CD-ROM)	○	○	○	○
d) I send and read e-mails	○	○	○	○

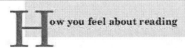

How you feel about reading

12

What do you think about reading? Tell how much you
agree with each of these statements.

*Fill **one** circle for each line.*

	Agree a lot	Agree a little	Disagree a little	Disagree a lot
a) I read only if I have to	○	○	○	○
b) I like talking about books with other people	○	○	○	○
c) I would be happy if someone gave me a book as a present	○	○	○	○
d) I think reading is boring	○	○	○	○
e) I need to read well for my future	○	○	○	○
f) I enjoy reading	○	○	○	○

Student *Questionnaire*

116

13

How well do you read? Tell how much you agree with
each of these statements.

*Fill **one** circle for each line.*

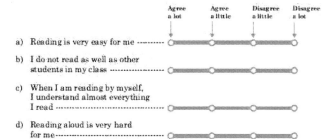

		Agree a lot	Agree a little	Disagree a little	Disagree a lot
a)	Reading is very easy for me	○	○	○	○
b)	I do not read as well as other students in my class	○	○	○	○
c)	When I am reading by myself, I understand almost everything I read	○	○	○	○
d)	Reading aloud is very hard for me	○	○	○	○

14

What do you think about your school? Tell how much
you agree with these statements.

*Fill **one** circle for each line.*

	Agree a lot	Agree a little	Disagree a little	Disagree a lot
a) I feel safe when I am at school	○	○	○	○
b) I like being in school	○	○	○	○
c) I think that students in my school work hard	○	○	○	○
d) I think that teachers in my school care about me	○	○	○	○
e) I think that teachers in my school want students to work hard	○	○	○	○

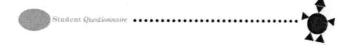

118

15.

Did any of these things happen at school during the last month (as far as you know)?

*Fill **one** circle for each line.*

                                    Yes   No

At school ...

a) something was stolen from me ------ ○▬▬▬○

b) something was stolen from someone in my class ---------------------------- ○▬▬▬○

c) I was bullied by another student --- ○▬▬▬○

d) someone in my class was bullied by another student ----------------------- ○▬▬▬○

e) I was hit or hurt by another student ---------------------------------- ○▬▬▬○

f) someone in my class was hit or hurt by another student --------------------- ○▬▬▬○

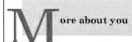ore about you

16

Which languages did you learn to speak when you were little?

If you learned more than one language at the same time when you were little you can check "Yes" for more than one language.

		Yes	No
a)	\<language of test\>	⊙────○	
b)	\<country-specific\>	⊙────○	
c)	\<country-specific\>	⊙────○	
d)	\<country-specific\>	⊙────○	
e)	\<country-specific\>	⊙────○	
f)	Other	⊙────○	

Please write in the name of the language.

17

How often do you speak <language of test> at home?

*Fill **one** circle only.*

Always or Almost Always -- ○

Sometimes -- ○

Never -- ○

18

How often do you speak <language of test> with <u>adults</u> living in your home?

*Fill **one** circle only.*

Always or Almost Always -- ○

Sometimes -- ○

Never -- ○

19

About how many books are there in your home?

(Do not count magazines, newspapers, or your school books.)

*Fill **one** circle only.*

None or very few (0-10 books) -- ○   This shows 10 books

Enough to fill one shelf (11-25 books) -- ○   This shows 25 books

Enough to fill one bookcase
(26-100 books) -- ○   This shows 100 books

Enough to fill two bookcases
(101-200 books) -- ○   This shows 200 books

Enough to fill three or more bookcases
(more than 200) -- ○   This shows more than 200 books

20

Do you have any of these things at your home?

*Fill **one** circle for each line.*

	Yes	No
a) Computer (do not include Nintendo®, Gameboy®, or other TV/video game computers)	○	○
b) Study desk/table for your use	○	○
c) Books of your very own (do not count your school books)	○	○
d) Daily newspaper	○	○
e) \<country-specific indicator of wealth\>	○	○
f) \<country-specific indicator of wealth\>	○	○
g) \<country-specific indicator of wealth\>	○	○
h) \<country-specific indicator of wealth\>	○	○
i) \<country-specific indicator of wealth\>	○	○
j) \<country-specific indicator of wealth\>	○	○
k) \<country-specific indicator of wealth\>	○	○
l) \<country-specific indicator of wealth\>	○	○

123

21

Altogether, how many people live in your home?

(Do not forget to include yourself.)

*Fill **one** circle only.*

2 -- ○

3 -- ○

4 -- ○

5 -- ○

6 -- ○

7 -- ○

8 -- ○

9 -- ○

10 -- ○

More than 10 -- ○

22

How many children live in your home?

(Do not forget to include yourself.)

*Fill **one** circle only.*

1 -- ○

2 -- ○

3 -- ○

4 -- ○

5 -- ○

6 -- ○

7 -- ○

8 -- ○

9 -- ○

10 -- ○

More than 10 -- ○

23

Were you born in <country> ?

*Fill **one** circle only.*

Yes -- ○ ──────────────────────────►
(*If Yes, go to #24*)

No -- ○

If No...

23a. How old were you when you came to <country>?

*Fill **one** circle only.*

10 years old or older -- ○

9 years old -- ○

8 years old -- ○

7 years old -- ○

6 years old -- ○

5 years old -- ○

4 years old -- ○

3 years old -- ○

2 years old -- ○

1 year old or younger -- ○

24

Was your mother born in <country>?

*Fill **one** circle only.*

Yes -- ○

No -- ○

I do not know -- ○

25

Was your father born in <country>?

*Fill **one** circle only.*

Yes -- ○

No -- ○

I do not know -- ○

Thank You!

Thank you for filling out the questionnaire!

23

Student *Questionnaire*

PIRLS

PIRLS Ref. No. 01-0008

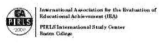

International Association for the Evaluation of
Educational Achievement (IEA)

PIRLS International Study Center
Boston College

Identification Label

Student ID:

Student Name:

School Name:

Learning to Read Survey

PIRLS

Main Survey
2001

IEA

Progress in
International Reading
Literacy Study

\<PIRLS National Research Center Name\>
\<Address\>

Learning to Read Survey

Your child's class has been selected to participate in the Progress in International Reading Literacy Study (PIRLS), a research study about how children learn to read. PIRLS is sponsored by the International Association for the Evaluation of Educational Achievement (IEA) and is being conducted in about 40 countries around the world.

This survey asks about your child's experiences in learning to read. We are interested in what you and your child do and what you think about different things related to your child's school. There are no right or wrong answers to these questions.

The information being collected will be extremely useful for helping understand how young children learn to read and for helping to improve the teaching and learning of reading for all children. We ask that you respond to all of the questions you feel comfortable answering. We would like to reassure you, however, that your responses to this survey are confidential.

This survey should be completed by the child's parent or current <primary caregiver>, or jointly by both parents or <primary caregivers>.

PIRLS

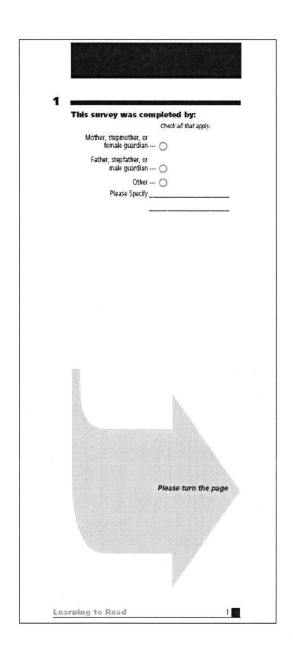

1

This survey was completed by:

Check all that apply.

Mother, stepmother, or
female guardian --- ◯

Father, stepfather, or
male guardian --- ◯

Other --- ◯

Please Specify _____

_____

Please turn the page

131

2

Before your child began <ISCED Level 1>, how often did you or someone else in your home do the following activities with him or her?

Check one circle for each line.

	Often	Sometimes	Never or almost never
a) Read books	○	○	○
b) Tell stories	○	○	○
c) Sing songs	○	○	○
d) Play with alphabet toys (for example, blocks with letters of the alphabet)	○	○	○
e) Do reading activities on the computer	○	○	○
f) Play word games	○	○	○
g) Write letters or words	○	○	○
h) Read aloud signs and labels	○	○	○
i) Watch television programs that teach reading, like <Sesame Street>	○	○	○
j) <Watch television programs (or videos) with subtitles>	○	○	○
k) <country-specific>	○	○	○

132

3

Did your child attend <ISCED Level 0>?

Check one circle only.

Yes --- ◯

No --- ◯
(If No, go to #4)

If Yes...

a. How long was he/she in <ISCED Level 0>?

Check one circle only.

more than 2 years --- ◯

2 years --- ◯

between 1 and 2 years --- ◯

1 year --- ◯

less than 1 year --- ◯

133

4

How old was your child when he/she began
<ISCED Level 1>?

Check one circle only.

5 years old or younger --- ○

6 years old --- ○

7 years old --- ○

8 years old or older --- ○

5

How well could your child do the following
when he/she began <ISCED Level 1>?

Check one circle for each line.

Not at all

Not very well

Moderately well

Very well

a) Recognize most of the
letters of the alphabet ------- ○—○—○—○

b) Read some words ------------ ○—○—○—○

c) Read sentences -------------- ○—○—○—○

d) Write letters of the
alphabet ----------------------- ○—○—○—○

e) Write some words ----------- ○—○—○—○

134

6

How often do you or someone else in your
home do the following things with your child?

Check one circle for each line.

Every day or almost every day

Once or twice a week

Once or twice
a month

Never or
almost
never

a) Read aloud to my child ------ ◯ ◯ ◯ ◯

b) Listen to my child read
aloud ------------------------- ◯ ◯ ◯ ◯

c) Talk with my child about
what he/she is reading on
his/her own ------------------ ◯ ◯ ◯ ◯

d) Talk with my child about
what I am reading (or what
someone else in my home
is reading) ------------------- ◯ ◯ ◯ ◯

e) Discuss my child's classroom
reading work with him/her -- ◯ ◯ ◯ ◯

f) Go to the library or a
bookstore with my child ----- ◯ ◯ ◯ ◯

g) Play or work on the computer
with my child (for example,
to look up information, play
games, or write things) ------ ◯ ◯ ◯ ◯

h) Encourage my child to write
(not using a computer) ------- ◯ ◯ ◯ ◯

135

7

How often has your child's school done the following?

Check one circle for each line.

Often

Sometimes

Never or
almost never

a) Asked you to make sure
your child does his/her
<language of test>
assignments

b) Given or sent home
examples of your child's
classroom work in
<language of test>

c) Given or sent home
information about your
child's performance in
<language of test>

8

What do you think of your child's school?

Check one circle for each line.

Agree a lot

Agree a little

Disagree a little

Disagree
a lot

a) My child's school makes an
effort to include me in my
child's education

b) My child's school cares
about my child's progress
in school

c) My child's school does a
good job in helping my child
become better in reading

136

9

In a typical week, how much time do you usually spend reading <u>for yourself</u> at home, including books, magazines, newspapers, and materials for work?

Check one circle only:

Less than one hour a week --- ◯

1-5 hours a week --- ◯

6-10 hours a week --- ◯

More than 10 hours a week --- ◯

10

When you are at home, how often do you read for the following reasons?

Check one circle for each line.

	Every day or almost every day	Once or twice a week	Once or twice a month	Never or almost never
a) For work	◯	◯	◯	◯
b) For enjoyment	◯	◯	◯	◯
c) To get news	◯	◯	◯	◯
d) For my education/school	◯	◯	◯	◯
e) Other reasons	◯	◯	◯	◯

137

11

Please indicate how much you agree with the following statements about reading.

Check one circle for each line.

Agree a lot
Agree a little
Disagree a little
Disagree a lot

a) I read only if I have to ⎯⎯⎯ ◯ ◯ ◯ ◯

b) I like talking about books with other people ⎯⎯⎯⎯ ◯ ◯ ◯ ◯

c) I like to spend my spare time reading ⎯⎯⎯⎯ ◯ ◯ ◯ ◯

d) I read only if I need information ⎯⎯⎯⎯ ◯ ◯ ◯ ◯

e) Reading is an important activity in my home ⎯⎯⎯ ◯ ◯ ◯ ◯

12

About how many books are there in your home?
(Do not count magazines, newspapers or children's books.)

Check one circle only.

0 - 10 ⎯ ◯

11 - 25 ⎯ ◯

26 - 100 ⎯ ◯

101 - 200 ⎯ ◯

more than 200 ⎯ ◯

13

About how many <u>children's</u> books are there in your home?
(Do not count children's magazines or school books.)

Check one circle only.

0 - 10 ⎯ ◯

11 - 25 ⎯ ◯

26 - 50 ⎯ ◯

51 - 100 ⎯ ◯

more than 100 ⎯ ◯

138

14

What is the highest level of education <u>completed</u> by the child's father (or stepfather or male guardian) and mother (or stepmother or female guardian)?

Check one circle in each column.

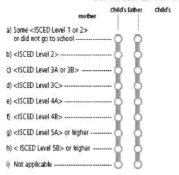

	mother	Child's father	Child's
a) Some <ISCED Level 1 or 2> or did not go to school	○	○	
b) <ISCED Level 2>	○	○	
c) <ISCED Level 3A or 3B>	○	○	
d) <ISCED Level 3C>	○	○	
e) <ISCED Level 4A>	○	○	
f) <ISCED Level 4B>	○	○	
g) <ISCED Level 5A> or higher	○	○	
h) < ISCED Level 5B> or higher	○	○	
i) Not applicable	○	○	

15

Which best describes the employment situation of the child's father (or stepfather or male guardian) and mother (or stepmother or female guardian)?

Check one circle in each column.

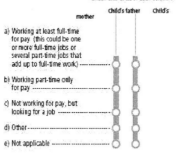

	mother	Child's father	Child's
a) Working at least full-time for pay (this could be one or more full-time jobs or several part-time jobs that add up to full-time work)	○	○	
b) Working part-time only for pay	○	○	
c) Not working for pay, but looking for a job	○	○	
d) Other	○	○	
e) Not applicable	○	○	

139

16

What kind of work do the child's father (or stepfather or male guardian) and mother (or stepmother or female guardian) do for their main jobs?

For each, check the box for the job category that best describes what he/she does. Each category has a few examples to help you decide the correct category. If the father or mother is not working now, think about the last job he/she had.

a) Has never worked outside
the home for pay -----

b) Small Business Owner -----
Includes owners of small business (less than 25
employees) such as retail shops, services, restaurants

c) Clerk -----
Includes office clerks; secretaries; typists; and data entry
operators; customer service clerks

d) Service or Sales Worker -----
Includes travel attendants; restaurant service workers;
personal care workers; protective service workers;
salespersons

e) Skilled Agricultural or
Fishery Worker -----
Includes farmers; forestry workers; fishery workers,
hunters and trappers

f) Craft or Trade Worker -----
Includes builders; carpenters, plumbers, electricians, etc.;
metal workers; machine mechanics; handicraft workers

g) Plant or Machine Operator -----
Includes plant and machine operators;
assembly-line operators; motor-vehicle drivers

h) General Laborers -----
Includes domestic helpers and cleaners; building
caretakers; messengers, porters and doorkeepers; farm,
fishery, agricultural, and construction workers

i) Corporate Manager or
Senior Official -----
Includes corporate managers such as managers of large
companies (25 or more employees) or managers of
departments within large companies; legislators or
senior government officials; senior officials of special-
interest organizations; military officers

j) Professional -----
Includes scientists; mathematicians; computer scientists;
architects; engineers; life science and health
professionals; teachers; legal professionals; social
scientists; writers and artists; religious professionals

k) Technician or Associate
Professional -----
Includes science, engineering, and computer associates
and technicians; life science and health technicians and
assistants; teacher aides; finance and sales associate
professionals; business service agents; administrative
assistants

l) Not applicable -----

141

17

Compared with other families, how well-off do you think your family is financially?

Check one circle only.

Very well-off --- ○
Somewhat well-off --- ○
Average --- ○
Not very well-off --- ○
Not at all well-off --- ○

18

In which range is your annual <u>household</u> income, before taxes?

Check one circle only.

less than <$20,000> --- ○
<$20,000-$29,999> --- ○
<$30,000-$39,999> --- ○
<$40,000-$49,999> --- ○
<$50,000-$59,999> --- ○
<$60,000> or more --- ○

19

About how long did it take you to complete this survey?

_____minutes
Write in a number.

142

Thank you for taking
the time to fill out
this survey.

Learning to Read Survey

PIRLS Ref. No. 01-0009

International Association for the Evaluation
of Educational Achievement (IEA)
PIRLS International Study Center
Boston College

Anhang III: Ein Lesetext, der zur Erhebung der Lesekompetenz in der IGLU-Studie angewendet wurde (Bos et al. 2005: 441-444)

Der Hase kündigt das Erdbeben an

von Rosalind Kerven

Es war einmal ein Hase, der sich ständig Sorgen machte. "Oh je", murmelte er den ganzen Tag, "oh je, oh je, oh jemine."

Seine größte Sorge war, dass es eines Tages ein Erdbeben geben könnte. "Denn wenn es eines gäbe", sagte er sich, "was würde dann nur aus mir werden?"

Eines Morgens war er darüber besonders beunruhigt, und genau da fiel plötzlich eine riesige Frucht von einem nahen Baum - *RUMS!* - so dass die Erde erzitterte.

Der Hase sprang auf.

"Ein Erdbeben!", schrie er.

Und er raste über das Feld, um seine Cousins zu warnen.

"Ein Erdbeben! Rennt um euer Leben!"

Alle Hasen verließen die Felder und liefen wie verrückt hinter ihm her.

Sie rasten über die Ebenen, durch Wälder und Flüsse und in die Berge, und warnten unterwegs all ihre Cousins.

"Ein Erdbeben! Rennt um euer Leben!"

Alle Hasen verließen die Flüsse und Ebenen, die Hügel und Wälder, und liefen wie verrückt hinterher.

Als sie schließlich die Berge erreichten, donnerten zehntausend Hasen die Hänge hinauf.

Bald erreichten sie den höchsten Gipfel. Der erste Hase schaute sich um, um festzustellen, ob das Erdbeben schon näher kam, aber alles, was er sehen konnte, war eine riesige Horde von flitzenden Hasen.

Dann schaute er nach vorn, aber er sah nur noch mehr Berge und Täler und dahinter, ganz weit weg, das glänzende blaue Meer.

Während er da stand und keuchte, kam ein Löwe.

"Was ist denn los?", wollte er wissen.

"Ein Erdbeben, ein Erdbeben!", plapperten alle Hasen durcheinander.

"Ein Erdbeben?", fragte der Löwe. "Wer hat es gesehen? Wer hat es gehört?"

"Frag ihn, frag ihn!", riefen all die Hasen und zeigten auf den ersten.

Der Löwe drehte sich zu dem Hasen um.

"Bitte, werter Herr", sagte der Hase schüchtern, "ich saß gerade ganz ruhig zu Hause, da hörte ich plötzlich ein lautes Krachen, und die Erde erzitterte. Da wusste ich, dass es ein Erdbeben sein musste, werter Herr, also bin ich gerannt, so schnell ich nur konnte, um alle anderen zu warnen, damit sie ihr Leben retten."

Der Löwe sah den Hasen mit seinen tiefgründigen, weisen Augen an.

"Mein Bruder, hättest du wohl genug Mut, mir zu zeigen, wo sich dieses schreckliche Unglück zugetragen hat?"

Der Hase fühlte sich eigentlich überhaupt nicht mutig genug dafür, aber er hatte das Gefühl, dass er dem Löwen vertrauen konnte.

Also führte er den Löwen ängstlich die Berge und die Hügel hinunter, über die Flüsse, Ebenen, Wälder und Felder, bis sie schließlich wieder bei ihm zu Hause ankamen.

"Hier habe ich es gehört, werter Herr."

Der Löwe sah sich um - und entdeckte sofort die riesige Frucht, die mit solchem Lärm vom Baum gefallen war.

Er nahm sie in den Mund, kletterte auf einen Felsen und warf sie wieder auf den Boden.

RUMS!

Der Hase sprang in die Luft. "Ein Erdbeben! Schnell - renn weg - gerade ist es wieder passiert!"

Aber da merkte er plötzlich, dass der Löwe laut lachte. Und dann sah er die Frucht, die bis zu seinen Füßen gerollt war.

"Oh", flüsterte er, "dann war es also überhaupt kein Erdbeben, oder?"

"Nein", sagte der Löwe, "war es nicht, und es gab eigentlich überhaupt keinen Grund, sich zu fürchten."

"Was war ich bloß für ein *dummer* Hase!"

Der Löwe lächelte freundlich. "Mach dir nichts daraus, kleiner Bruder. Wir alle - sogar ich - fürchten uns manchmal vor Dingen, die wir nicht verstehen."

Und damit trottete er zurück zu den anderen zehntausend Hasen, die immer noch auf dem Berg saßen, um ihnen zu sagen, dass es jetzt völlig ungefährlich war, wieder nach Hause zu gehen.

1. Was war die größte Sorge des Hasen?

   ☐ ein Löwe
   ☐ ein lautes Krachen
   ☐ ein Erdbeben
   ☐ eine Frucht, die herunterfiel

2. Was ließ die Erde erzittern?

   ☐ ein Erdbeben
   ☐ eine riesige Frucht
   ☐ die fliehenden Hasen
   ☐ ein umstürzender Baum

3. Es ging alles ganz schnell, nachdem der Hase "Ein Erdbeben!" gerufen hatte.
   Finde <u>zwei</u> Wörter im Text, die dieses zeigen, und schreibe sie heraus.

   ✏① 1. _____
   ✏① 2. _____

4. Wohin wollte der Löwe von dem Hasen geführt werden?

   ✏① _____

5. Warum ließ der Löwe die Frucht auf den Boden fallen?

   ☐ Er wollte den Hasen in die Flucht schlagen.
   ☐ Er wollte dem Hasen helfen, an die Frucht zu kommen.
   ☐ Er wollte dem Hasen zeigen, was eigentlich passiert war.
   ☐ Er wollte den Hasen zum Lachen bringen.

6. Wie fühlte sich der Hase, nachdem der Löwe die Frucht auf den Boden fallen ließ?

    ☐ wütend
    ☐ enttäuscht
    ☐ dumm
    ☐ besorgt

7. Schreibe <u>zwei</u> Wege auf, wie der Löwe versuchte, den Hasen am Ende der Geschichte aufzumuntern.

    1. _____

    _____

    2. _____

    _____

8. Glaubst du, dass der Löwe den Hasen mochte? Welches Ereignis in der Geschichte macht dieses deutlich?

    _____

    _____

9. Wie veränderten sich die Gefühle des Hasen im Laufe der Geschichte?

    Am Anfang der Geschichte fühlte sich der Hase _____ weil

    _____

    Am Ende der Geschichte fühlte sich der Hase _____ weil

    _____

150

10. Du kannst an dem, was der Löwe und der Hase in der Geschichte tun, erkennen, wie sie sind. Beschreibe, wie sich der Löwe und der Hase unterscheiden und an welchem Verhalten sich dieses jeweils zeigt.

_____

_____

_____

11. Was ist die **wichtigste** Aussage dieser Geschichte?

☐ Lauf vor Schwierigkeiten lieber weg.
☐ Überprüfe erst die Lage, bevor du in Panik gerätst.
☐ Löwen kann man niemals trauen, selbst wenn sie lieb aussehen.
☐ Hasen sind schnelle Tiere.

Anhang V: Korrelationsmatrix der unabhängigen Variablen der familialen Lesesozialisation

		Bildung	Kosten	soziale Klassenlage	erzieherische Haltung zum Thema Lesen
Bildung	Korrelationskoeffizient	1,000			
	N	4114			
Kosten	Korrelationskoeffizient	-0,436***	1,000		
	N	3543	5617		
soziale Klassenlage	Korrelationskoeffizient	0,568***	-0,458***	1,000	
	N	2941	3737	4303	
erzieherische Haltung zum Thema Lesen	Korrelationskoeffizient	0,273***	-0,183***	0,255***	1,000
	N	3989	5439	4193	6441

*** p<.001; ** p<.01; * p<.05

152

Anhang VI: Korrelationsmatrix der unabhängigen Variablen bzw. Kontrollvariablen der Lesekompetenz

		soziale Einbindung	Leseverhalten der Eltern	Gespräche sowie prä- und paraliterarische Kommunikation	audiovisuelle Medien	Computermedien	Geschlecht	Geschwisteranzahl	Alter	Migrationshintergrund
soziale Einbindung	Korrelationskoeffizient N	**1,000**								
Leseverhalten der Eltern	Korrelationskoeffizient N	0,213*** 6534	**1,000**							
Gespräche sowie prä- und paraliterarische Kommunikation	Korrelationskoeffizient N	0,283*** 6249	0,220*** 6263	**1,000**						
audiovisuelle Medien	Korrelationskoeffizient N	0,036** 6476	-0,013 6504	0,179*** 6290	**1,000**					
Computermedien	Korrelationskoeffizient N	0,094*** 6435	0,016 6453	0,150*** 6266	0,112*** 6461	**1,000**				
Geschlecht	Korrelationskoeffizient N	0,091*** 6522	0,007 6578	0,067*** 6251	0,029* 6497	-0,006 6447	**1,000**			
Geschwisteranzahl	Korrelationskoeffizient N	-0,035** 6034	-0,051*** 6084	-0,108*** 5793	-0,043** 6007	-0,050*** 5962	0,004 6909	**1,000**		
Alter	Korrelationskoeffizient N	-0,054*** 6523	-0,056*** 6579	-0,069*** 6251	0,021 6498	0,006 6448	-0,083*** 7512	0,085*** 6910	**1,000**	
Migrationshintergrund	Korrelationskoeffizient N	0,018 5811	-0,104*** 5859	-0,085*** 5584	-0,004 5787	0,030* 5753	-0,011 6644	-0,155*** 6395	-0,101*** 6645	**1,000**

*** $p < .001$; ** $p < .01$; * $p < .05$

Anhang VII: Kollinearitätsstatistik der unabhängigen Variablen der familialen Lesesozialisation

	Toleranz	Variance Inflation Factor
Bildung	0,646	1,547
Kosten	0,742	1,347
soziale Klassenlage	0,617	1,621
erzieherische Haltung zum Thema Lesen	0,905	1,105

Anhang VIII: Kollinearitätsstatistik der unabhängigen Variablen bzw. Kontrollvariablen der Lesekompetenz

	Toleranz	Variance Inflation Factor
soziale Einbindung	0,887	1,127
Leseverhalten der Eltern	0,914	1,094
Gespräche sowie prä- und paraliterarische Kommunikation	0,828	1,208
audiovisuelle Medien	0,949	1,053
Computermedien	0,962	1,040
Geschlecht	0,981	1,020
Kinderanzahl	0,969	1,032
Alter	0,980	1,020
Migrationshintergrund	0,950	1,053

VDM
Verlag
Dr. Müller

Wissenschaftlicher Buchverlag bietet

kostenfreie

Publikation

von

wissenschaftlichen Arbeiten

Diplomarbeiten, Magisterarbeiten, Master und Bachelor Theses
sowie Dissertationen, Habilitationen und wissenschaftliche Monographien

Sie verfügen über eine wissenschaftliche Abschlußarbeit zu aktuellen oder zeitlosen
Fragestellungen, die hohen inhaltlichen und formalen Ansprüchen genügt,
und haben **Interesse an einer honorarvergüteten Publikation**?

Dann senden Sie bitte erste Informationen über Ihre Arbeit per Email
an info@vdm-verlag.de. Unser Außenlektorat meldet sich umgehend bei Ihnen.

VDM Verlag Dr. Müller Aktiengesellschaft & Co. KG
Dudweiler Landstraße 125a
D - 66123 Saarbrücken

www.vdm-verlag.de